Hans Hoffmann

*Ansitz
auf
graue
Schatten*

Hans Hoffmann

Ansitz auf graue Schatten

EINE FÖRSTERCHRONIK

NEUMANN - NEUDAMM

Bildnachweis:
Die Bilder entstammen sämtlich aus dem Bildarchiv des Verlages.

Die Deutsche Bibliothek – CIP-Einheitsaufnahme

Hoffmann, Hans:
Ansitz auf graue Schatten: eine Försterchronik / Hans Hoffmann. – 2. Aufl. – Morschen/Heina: Neumann-Neudamm, 1992
ISBN 3-7888-0650-8

© 1966, 1992 Verlag J. Neumann-Neudamm GmbH & Co. KG
3509 Morschen/Heina
Printed in Germany
Titelgestaltung: Philipp Schneider unter Verwendung eines Fotos aus dem DJZ-Archiv
Reprotechnik: Silber Druck, 3501 Niestetal-H.
Satz und Druck: Silber Druck, 3501 Niestetal-H.
Buchbinderische Verarbeitung: Willy Keller, 6402 Kleinlüder

Schrift: 10/12 Palatino
Papier: Bildteil 115 g Bilderdruck, Textteil 90 g Werkdruck
Umschlag: Pappband, Polylein-Kaschierung
Druck: Offsetdruck, MAN-Roland
Verarbeitung: Fadenheftung, begazt, Deckenband

Inhalt

Da hatte es mich doch wieder so richtig erwischt!
Dieses Mal nur deshalb, weil ich mich zu hastig nach dem fallenden Rasierpinsel bückte.

Der alte Landarzt hatte leider nur zu recht behalten, als er vor
vielen Jahren meinte, daß man außer Rheuma und Ischias auch
noch den Hexenschuß zu den Berufskrankheiten eines Försters
rechnen müsse.

Seinerzeit war ich sogar etwas stolz, daß mein Beruf gleich durch
drei spezielle Krankheiten verrufen ist, und ich habe oft gerät-
selt, welcher Art wohl diejenigen der Schornsteinfeger oder etwa
die der Scherenschleifer sein könnten.

Mein Eheweib behauptete zwar, ich wäre reichlich wehleidig und
zimperlich, doch kannte sie sich mit der Behandlung der einen
meiner „Krankheiten" gut aus. Sie packte mich ins Bett, be-
pflasterte die Rippen mit einer Gummiblase voll heißen Wassers,
und auf die angeschossene Stelle kam, gewissermaßen als Haus-
und Allheilmittel, ein Beutel mit zerquetschten, heißen Pell-
kartoffeln – womit ich für einige Tage gefechtsunfähig und somit dem Geschäftsverkehr entzogen war. Daß ich während dieser
Zeit ruhig liegen und mich wenig bewegen durfte, wußte und
merkte ich selbst am besten.

Berufskrankheiten!

Es hatten sich erst verschiedene, schicksalhafte Ereignisse abwickeln müssen, bis ich zu meinem Beruf und zu den damit
verbundenen Krankheiten überhaupt gekommen bin.

Vor Beendigung meiner Schulzeit besuchte damals mein Vater
bald nach Weihnachten seinen Bruder, um dessen siebzigsten
Geburtstag mit ihm zu feiern.

Doch es kam anders. Kaum war mein „Alter Herr" in Rosbach
angelangt, da erkrankte er so schwer, daß meine Mutter nach-
reisen und ihn pflegen mußte, während ich allein zurückblieb
und von einer Freundin meiner Mutter versorgt wurde.

Erst zu Ostern und nach meiner Schulentlassung konnte ich
meine Eltern besuchen. Mein Vater saß, durch mehrere Kissen

im Rücken abgestützt, aufrecht im Bett und war nur schlecht erkennbar, da eine Blende die Lampe zum Krankenlager hin abschirmte, während meine zahlreichen Kusinen und ich im grellen Licht um den ovalen Tisch herum hockten.

Anna, die Frau „Bürgermeister", führte wie stets das Wort, nur daß sie mich jetzt noch unausgesetzt durch ihre Lorgnette betrachtete, indessen ich mich in meinem Konfirmationsanzug und mit meinem hohen, steifen Kragen nur mäßig wohl fühlte.

„Ich sage es euch also nochmals – der Junge muß unbedingt einen Beruf haben, bei dem er von morgens bis abends in der frischen Luft arbeiten kann. Seht ihn doch nur an! Er ist so blaß und durchsichtig und auch so mager, daß man seine Knochen förmlich klappern hört. Ich wüßte auch nicht, was man gegen den Beruf eines Gärtners viel einwenden könnte. Ich kenne in Burscheid einen, der in den letzten Jahren mehrere schöne Häuser und verschiedene Grundstücke erworben hat, seitdem er noch eine Friedhofsgärtnerei als Filiale einrichtete. Ich muß schon sagen – der Mann hat es zu etwas gebracht."

Base Anna schwieg, klappte jetzt endlich ihre Stielbrille zusammen und richtete sich hoch auf; irgend etwas knirschte dabei vernehmlich – es war aber nicht etwa auch ihr Knochengerüst, sondern vermutlich ihre Korsage.

Allmächtiger!

Ausgerechnet Friedhofsgärtner! – Mir war, als sollte ich bereits jetzt von einem fallenden Grabkreuz erschlagen werden oder unter einem Berg trockener Kränze ersticken.

Mein Vater, der meine Gefühle zu ahnen schien, räusperte sich: „Wir wissen, daß ihr alle es mit dem Hannes nur gut meint. Während meiner langen Krankheit konnte ich mich fast gar nicht um ihn kümmern, und jetzt kommt alles etwas zu plötzlich. Ich schlage vor, daß wir uns morgen weiter unterhalten."

Damit war die Beratung beendet, und meine Basen rauschten hinaus, um sich nach ihren Männern umzusehen, die sich unten in der Gaststube mit allem anderen, nur nicht mit meinen Berufsfragen beschäftigen.

Als ich am nächsten Vormittag meinen Vater erneut besuchte, saß er wieder aufrecht im Bett. Er deutete auf einen Stuhl: „Setz

8

dich hierher und höre gut zu. Vorhin war dein Vetter Gustav da und hat sich nicht wenig über Annas Vorschlag amüsiert. Er meinte, sie wäre wohl dazu etwas durch meine Krankheit inspiriert worden – von wegen Friedhofsgärtner. Dann fragte er jedoch, wie wir uns wohl dazu stellen würden, wenn du Förster würdest. Das wäre doch auch ein höchst achtbarer Beruf, bei dem du ebenfalls von Januar bis Dezember in der frischen Luft sein könntest. Du weißt ja, daß Gustav nicht nur ein passionierter Angler, sondern auch ein gewaltiger Jäger vor dem Herrn ist. Daher war er von seiner Idee auch geradezu begeistert. Ich kenne zudem auch den Oberförster Radde auf Schloß Homburg, der uns bestimmt weiterhelfen oder beraten kann. Na, Hannes, was meinst du, würde dir der Beruf eines Forstmannes auch zusagen?"

Förster!

Mir schlug das Herz bis zum Halse hinauf – und ob ich wollte!

Vor einigen Tagen hatte ich sogar fast die nähere Bekanntschaft mit einem Förster gemacht, allerdings dabei eine etwas unrühmliche Rolle gespielt: Ich schaute da aufmerksam zwei Freunden zu, die trotz sonntäglicher Kleidung auf dem Bauch lagen und mit flinken Fingern unter den Ufern eines Baches nach noch flinkeren Forellen umhertasteten, während ich bereits fünf Stück der rotgetüpfelten Fischlein in einem zusammengeknüpften Taschentuch festhielt. Als plötzlich ein Schatten neben mir auftauchte und größer wurde, fuhr ich erschrocken herum und konnte mich mit einem mächtigen Satz gerade noch dem Zugriff des alten Försters Simon entziehen. Augenblicke später sausten wir drei wie aufgestöberte Hasen über die Wiese. Wir hörten aber den ärgerlichen Ausruf: „Man sollte euch Lümmels doch mal mit Schrot den A . . . bepflastern", deutlich genug.

Also Förster!

Abends konnte ich lange Zeit nicht einschlafen, denn ich gaukelte mir da bereits die unmöglichsten Bilder vor.

Der Besuch bei Oberförster Radde brachte vorerst nichts ein, weil für dessen Verwaltung eine Verfügung bestand, nach der sich künftig der försterliche Nachwuchs aus Söhnen der dort angestellten Forstmänner rekrutieren sollte. Dafür gab er meinem Vater ein Exemplar der Jäger-Zeitung und den Hinweis mit, daß eine entsprechende Annonce in der bekannten Zeitung auch sicherlich von Erfolg sein würde.

Einige Wochen später kam mein Vater in die Küche, wo ich während der Abwesenheit meiner Mutter eine Pfanne voll Bratkartoffeln hütete.

„Hier Hannes, habe ich etwas für dich aus Neudamm."
Es waren gleich zwei Schreiben. Das eine kam von einer Forstverwaltung aus Schlesien, das andere von der v. Borckeschen Rittergutsverwaltung aus Pommern. Beide hatten etwa den gleichen Inhalt. Nach ihm sollten die Bewerbungsunterlagen, wie Lebenslauf und Schulzeugnisse, eingereicht werden.

Da ich die Schreiben unschlüssig hin und her drehte, nahm sie mir mein Vater ab: „Wer die Wahl hat, hat auch die Qual. Dreh dich um, und jetzt – rechts oder links?"

„Rechts!"

Ich hatte mich für die Lehrstelle in Pommern entschieden und setzte mich wenige Stunden später in Trab, um meine Bewerbung auf der Post einschreiben zu lassen.

Doch dann überstürzten sich geradezu die Ereignisse.

Die Antwort der Gutsverwaltung in Lessenthin besagte kurz und bündig, daß meine Bewerbung angenommen, daß mein Lehrantritt baldmöglichst, am besten sofort, gewünscht werde, daß ich mich bei dem Förster Lau zu melden habe und daß Lessenthin Bahnstation sei und zwischen Ruhnow und Labes läge. Mein Eintreffen dort solle vorher rechtzeitig bekanntgegeben werden.

Wo Lessenthin lag, wußte ich vermutlich bereits besser als meine sämtlichen Geographielehrer zusammen; außerdem kannte ich die An- und Abfahrtzeiten aller Züge aus dem Kursbuch auswendig.

Am Nachmittag betrachtete ich ungläubig die grüne Gestalt, die mir aus dem großen Spiegel entgegensah und kniff mich deshalb in die Nase. Ich war es tatsächlich. Am meisten bewunderte ich jedoch den „kapitalen Gamsbart" auf meinem Hut, der, wie der Verkäufer des Warenhauses in Waldbröl stolz bekundete, „aus garantiert echten Antilopenhaaren" gefertigt sei.

Na, so was!

Der Abschied von meinen Eltern war zeitbedingt kurz und herzlich, und an die letzten Worte meines Vaters: „Du siehst, Hannes, daß dir meine Krankheit doch auch recht nützlich war", mußte ich noch sehr oft denken. Vermutlich wäre ich ohne sie gar nicht zu meinem Beruf gekommen.

Die lange Bahnfahrt in überfüllten Zügen war nur mäßig reizvoll, doch kam ich am Nachmittag des 19. Juni 1917, als einziger Fahrgast übrigens, in Lessenthin an.

Ich fand das Gutshaus am Ende des Dorfes ohne Schwierigkeit. –

Aller Anfang ist schwer

Mein Zimmer war spartanisch einfach eingerichtet. Nur aus dem riesigen Kachelofen hätte man gut und gern zwei machen können. Erfrieren würde ich hier also bestimmt nicht.

Abends lernte ich mit einigem Herzklopfen meinen Lehrmeister kennen – einen prächtigen alten Herrn mit schlohweißem Vollbart und falkenscharfen Augen. Trotz seines hohen Alters war er bemerkenswert rüstig, leider aber auch so schwerhörig, daß man sich nur schreiend mit ihm verständigen konnte.

Er war ein Mann der Praxis, denn ohne mehr von mir wissen zu wollen, musterte er lediglich meine Ausrüstung.

Er schien zufrieden zu sein.

Wenn ich bis dahin noch nicht wußte, wozu ich meine Beine hatte, dann sollte ich es jetzt sehr schnell erfahren – von morgens bis spät abends war ich unterwegs. Oft mit Vater Lau, wie ich ihn bald nannte, zusammen, sonst allein. Feierabend gab es für mich erst, wenn die Sonne verschwunden war.

Täglich mußte abgefährtet werden, wurden die Fährten sauber ausgestrichen und registriert, so daß ich bald sämtliche Wechsel im Revier kannte. Ich merkte bald, worauf es ankam.

Doch dann, Anfang Juli, erhielt ich von meinem Lehrmeister einen Auftrag, einige „Poggen" zu fangen. Poggen? Nie gehört. Schließlich fand ich doch heraus, daß damit Frösche gemeint waren, so daß wir spätnachmittags die vorgesehenen zwanzig Aalschnüre in den Kolken des „Aalbaches" auslegen konnten. Nachts um 1 Uhr wurde ich geweckt, und nach einem Glas Buttermilch marschierten wir los.

Mein Mentor schien guter Laune zu sein, denn er erzählte unterwegs, daß die Schnüre beizeiten aufgenommen werden müßten, damit sich die Aale nicht abdrehen oder von den Ottern abgerissen werden, und daß sich als Köder noch besser große Tauwürmer, am besten jedoch Neunaugen eignen. Hier schnalzte er mit der Zunge, was ich später auch verstand, da mir marinierter Aal ebenfalls gut schmeckte. Auch müsse der „Bestich" stets frisch sein, da der Aal nicht „ludere".

Alles war mir klar, nur nicht, wie wir im Stockdunkeln die Schnüre wiederfinden sollten. Trotzdem fand mein Lehrmeister sie mühelos, wodurch er noch mehr in meiner Achtung stieg. Als der Tag graute, hatten wir bereits die meisten Schnüre aufgenommen. Jetzt würde ich auch allein die nächste finden. Ich machte meinem Begleiter meine Absicht durch Gesten klar, er nickte, und schon lief ich los, fand die dicke Fichte am Weg und tappste am Ufer entlang zum Kolk. Bevor ich mich jedoch nach dem Hakenstock bücken konnte, erklang dicht neben mir ein lautes Platschen im Bach.

Im ersten Augenblick dachte ich, Vater Lau sei ins Wasser gefallen, und wollte sofort zu ihm hin, doch dann blieb ich stocksteif, wie gelähmt, stehen – denn keine zehn Schritte von mir entfernt schob sich eine riesige, schwarze Sau aufs Ufer und verhoffte. Mir war, als ob mir jemand eine Eisscherbe im Genick unter mein Hemd geschoben hätte, die langsam abwärts glitt. Meine Knie wurden weich, als mir ein scharfer, stechender Geruch in die Nase stieg. Es kam mir wie eine Ewigkeit vor, bis der Keiler weiterzog und plätschernd und brechend den schmalen Bruchstreifen passiert hatte. Er war weg; nur der „Maggigeruch" blieb mir noch in der Nase.

Kaum war der Spuk verschwunden, da riß ich mich zusammen

und rannte los. Mein Lehrmeister, der bereits im Anmarsch, aber noch hundert Meter von der Stelle ab war, wo der Basse seelenruhig über den Weg wechselte, verstand meine hastige Zeichensprache sofort, sagte aber nur ein Wort. Das allerdings laut und verständlich: „Schiet".

Was hätte er auch sonst sagen sollen? Unsere Nachtangelaktion hatte einen starken, fast armlangen Döbel, drei Aalquappen und fünf dicke, fette Aale eingebracht.

Wenn ich jedoch an den schwarzen Nachtwanderer dachte, und das tat ich noch sehr oft, dann konnte ich gut begreifen, daß allen, die so einem Burschen begegnen, das Blut schneller durch die Adern pulst. Bei mir hatte sein Anblick vorerst allerdings das Gegenteil bewirkt.

Die nächsten Wochen vergingen wieder mit Abfährten; Hochsitze, Schirme und Pirschsteige wurden hergerichtet, Reusen und Zugnetze mußten ausgebessert werden, und zwischendurch drehte ich Dohnen – so lange und in solchen Mengen, bis ich Schwielen an den Händen hatte und es fast im Schlaf konnte.

Der Krammetsvogelfang war wieder freigegeben worden, und daher sollte der sieben Kilometer lange Dohnenstieg neu eingerichtet werden.

Mit dem Dohnenstieg hatte ich übrigens dauernd Ärger. Entweder nahm Rotwild die Ebereschenbeeren aus den Dohnen auf – manchmal Hunderte von Metern weit – wobei zahlreiche Dohnen abbrachen, oder aber gefangene Drosseln wurden von Raubwild abgerissen. Dem Rotwild gegenüber blieb ich machtlos, und die Bälge der anderen stillen Teilhaber waren noch nicht „reif". Deshalb konnte ich weiter nichts tun, als geduldig stillzuhalten. Außerdem taten mir die Drosseln leid.

Bald nach meinem ersten Geburtstag in der Fremde wurde die Anschaffung eines Drillings erwogen. Mein Vater versprach, ihn zu beschaffen. Eines Tages wurde ich jedoch zu Herrn v. Borcke beordert:

„Da sich die Lieferung deines Drillings verzögert, habe ich die Flinte dort zurechtgelegt. Es ist die Schwesterwaffe von meiner. Sie schießt ebenfalls vorzüglich. Dort sind Patronen und hier ist dein Jagdschein. In den nächsten Tagen machen wir die erste Karnickeljagd. Vorher mußt du dich mit der Führung und Handhabung der Flinte jedoch eingehend vertraut machen."

Dann folgten viele Belehrungen, sowie ein intensiver Anschauungsunterricht über Laden, Sichern und Führen der Waffe. Es war eine 12er Selbstspanner-Doppelflinte, die zwar etwas schwer war, die mir aber sonst vorzüglich lag.

Obwohl ich vor Aufregung schier fieberte, war ich doch ein sehr aufmerksamer Schüler, und ich zeigte anschließend, wie ich alles selbst richtig machen wollte.

In der Nacht vor dem Jagdtag fand ich nur wenig Schlaf und war froh, als der Morgen graute.

Im ersten Treiben – einer dichten Ackeraufforstung – wies mir mein Chef, der neben mir stehen wollte, den rechten Eckpfosten des Treibens an. Mein Gönner hatte seinen Stand bereits eingenommen und beobachtete jetzt mein Verhalten.

Vor Erregung tief atmend, öffnete ich die Flinte, führte Patronen ein und klappte sie langsam und behutsam zu. Donnernd entlud sich im gleichen Augenblick die Waffe. Meine Arme wurden zur Seite gerissen, so daß mir fast die Waffe entglitt.

Ich stand wie betäubt und gelähmt, hörte aber das laute, entrüstete „Donnerwetter" meines Chefs trotzdem. Aufgeregt kam er angestampft.

„Habe ich dir nicht oft und oft gepredigt: Vorsicht und nochmals Vorsicht? Das ist ja unglaublich! Du hast natürlich den Finger bereits am Abzug gehabt. Ich habe mich in dir leider mächtig getäuscht." Danach kamen dann noch mehrere, ähnliche Vorwürfe.

Endlich fand auch ich meine Sprache wieder und beteuerte verzweifelt und ratlos, daß ich die Flinte vorschriftsmäßig geladen und besonders vorsichtig geschlossen, aber auf keinen Fall den Abzug berührt hatte.

Mein Chef ließ sich auf nichts ein, wurde schließlich fuchsteufelswild, nahm mir die Flinte ab, entlud, forderte mir den Patronenvorrat ab und lehnte sie an eine Randkiefer.

„Jetzt gehst du und treibst mit. Als Schütze bist du noch lange nicht brauchbar."

Mit hängenden Ohren reihte ich mich in die Treiberwehr ein und heulte wie ein Schloßhund. Die Waffe kam später auf den Pirschwagen, und ich trieb, unglücklicher denn je, weiter.

Noch wochenlang war mein Chef mir gegenüber sehr zurückhaltend, kam mehrfach auf meine „Unvorsichtigkeit" zurück und knüpfte stets Belehrungen und Verhaltungsmaßregeln an sie an. Als jedoch der Drilling von meinem Vater ankam, vergaß ich die peinliche Angelegenheit fast völlig.

Eines Tages wurde ich jedoch unvermittelt zum Jagdherrn befohlen, der bereits in der Halle wartete und mich nach der Begrüßung eigenartig anblickte. Schweigend betraten wir den Wintergarten, wo er sich nach mir umwandte.

„Vorhin sah ich von hier aus, daß sich der graue Kater aus dem Kuhstall an die Fasanenschüttung dort heranpirschte. Um dem Kerl seine Fasanengelüste endgültig zu versalzen, holte ich die Flinte dort, lud und", wieder eine Bewegung nach der großen Schiebescheibe, „raus war ein Schuß. Da siehst du die Bescherung."

Ja, ich sah sie, hatte das große Loch mit den zahlreichen Rissen in der oberen linken Scheibenecke schon längst bemerkt, so daß ich die leise Frage: „Vielleicht haben sie auch am Abzug gerührt", nicht unterdrücken konnte.

Er schaute mich jetzt fest an: „Es tut mir leid, daß ich dich seinerzeit so hartnäckig zu Unrecht beschuldigt habe. Ich hätte deine Einwände besser und leicht prüfen können, zumal der linke Lauf losgegangen ist." Er hielt mir seine Hand hin und lächelte schmerzlich: „Nein, ich habe bestimmt nicht den Finger am Drücker gehabt."

Das Unglücksgewehr wurde zum Büchsenmacher gebracht, und seit der Zeit war mein Chef zu mir noch netter und herzlicher als vorher.

Alle Drückjagden auf Kanin, Hase und Fuchs machte ich von da ab stolz als Schütze mit.

Kurz vor Weihnachten bekamen wir Frost und dann etwas Schnee. Einen Kartoffelsack hatte ich soeben im Kutscherstall halb mit Häcksel gefüllt, da kam der Chef und stocherte in ihm herum: „Wozu soll das denn gut sein?"

„Da stecke ich morgen früh meine Füße hinein, wenn ich auf Fuchs ansitze."

„So, ansetzen willst du dich. Wo denn da?"

„In dem Kiefernkopf oberhalb der Weißdornhecke in den ‚Kattenbergen'. Dort habe ich mir am Rand einen Schirm gebaut, und von der Anhöhe hat man einen weiten Ausblick über das Feld. Außerdem laufen oben rechts und links der Kiefern die beiden Schluchten, aus denen schon mehrmals Füchse kamen."

„Gar nicht so schlecht! Da bin ich aber gespannt, was bei deinem Ansitz herauskommt."

Er ging grüßend ab.

Am nächsten Morgen wühlte ich noch bei Dunkelheit meine Füße in den Häckselsack, stellte den Drilling griffbereit und sank so tief wie möglich hinter der Reiserwand des Schirmes zusammen. Es war kälter als am Vortag, der Wind hatte mehr nach Norden gedreht und wehte mir gerade ins Gesicht. Als es hell wurde, frischte er noch mehr auf und trieb in böigen Stößen Schneeschleier vor sich her. Die drei Reiser, die ich auf vierzig Gänge als Entfernungsmarken hingelegt hatte, waren nur mehr kleine Schneehügel.

Halbrechts und ziemlich weit weg standen und saßen mehrere Rehe im Windschatten des „Weidengrabens" – sonst war das Feld leer. Es war eben 8 Uhr vorbei, als ich von meiner Stangensitzbank aufstand und die Beine in dem Sack mehrmals kräftig aufstampfte. Da bemerkte ich links in der Schlucht eine kleine Bewegung – die Gehörspitzen eines Fuchses.

Sofort saß ich wieder, hatte den Drilling ergriffen, entsichert und zog mit den Zähnen den rechten Handschuh aus. Dann kam er, der Fuchs, doch es dauerte noch einige Sekunden, bis ich ihn völlig frei hatte – erst dann rührte ich am hinteren Abzug. Er wurde von der Schrotgarbe umgestoßen und bewegte sich nicht mehr.

Merkwürdigerweise schien es mir jetzt gar nicht mehr so kalt zu sein – im Gegenteil –, sogar meine Füße waren wieder warm.

Mein erster Fuchs!

Mir war wie nach einer Weihnachtsbescherung.

Etwa zehn Minuten später sah ich einen weiteren Rotrock, der hinter der Spitze des „Weidengrabens" hervorschnürte und der dann in der Nähe des Rehwildes umhersuchte oder mauste. Sollte ich hin?

Herzlich gern, doch es ging nicht, da mich die Rehe sofort wegbekommen hätten. Auch eine Pirsch in einem großen Bogen war nicht möglich, weil ich dann in ungünstigen Wind gekommen wäre.

So beobachtete ich lange weiter, bis mir die Augen bei dem scharfen Wind tränten. Ich rückte daher nach links, beugte mich vor und hatte nun in der schenkeldicken Randkiefer etwas Schutz für die Augen. Schließlich aber wußte der Fuchs anscheinend doch, wohin er wollte, denn er schnürte jetzt weiter zu Felde. Schade!

Ich setzte mich zurück und wäre fast von meiner Bank gefallen, denn keine dreißig Schritte entfernt saß noch ein Reineke wie ein Denkmal und äugte nach „meinem" Fuchs. Zitternd sank ich tiefer und schoß Augenblicke später, als er fortschnürte. Er lag im Knall, hob nur noch einmal den Kopf, dann war er verendet.

Beide waren Rüden. Ich balgte sie sofort im Schutze der nahen Kieferndichtung. Die Kerne hing ich dort so hoch auf, daß nur noch die Meisen an ihnen Freude hatten.

Mein Chef, der sich mit dem Verwalter auf dem Hof unterhielt, winkte mich heran und tippte auf meinen Rucksack: „Na, da war heute wohl nur der Wunsch der Vater des Gedankens?"

„Ganz im Gegenteil", sagte ich und beförderte die beiden Bälge ins Freie.

„Da sehen sie, der weiß genau, wo er sich zusätzliches Taschengeld besorgen kann."

Ja, das wußte ich jetzt auch.

Wie dicht Erfolg und Pech, Freud und Leid aber auch beieinander liegen können, das habe ich bereits einige Tage später erfahren müssen: Ich hörte das laute, aufgeregte Schnalzen der Eichkatze schon, bevor ich den „Durchlaß" überschritten und damit die Waldwiese erreicht hatte. Sofort sah ich dann den Fuchs, der sich, auf den Hinterläufen stehend, an der einzelnen Kiefer hochschnellen wollte, von der herab er von dem Eichhörnchen so heftig beschimpft wurde. Sogleich hatte ich den Drilling bereit und eilte mit langen Schritten näher, was bei dem pulverigen Neuschnee möglich war. Obwohl ich schon längst hätte schießen können, wollte ich noch näher heran. Doch plötzlich wurde der Rote flüchtig und fegte mit wehender Standarte auf das nahe Rohrgelege zu. Der erste Schuß ging vorbei, doch im zweiten rollte er, rollte, wie viele Hasen im Schuß rollen.

Wie glücklich war ich – hatte ich doch den hochflüchtigen Fuchs wie ein Routinier auf den Kopf gestellt, obwohl ich bisher nur ganz wenige Schüsse überhaupt abgegeben hatte. Ich nahm ihn bei der Lunte auf, schüttelte ihn kräftig hin und her, trug ihn zu der Kiefer zurück, lehnte meine Waffe an den Stamm, knüpfte die Verschnürung des Rucksackes auf und blickte dabei in die Baumkrone hinauf: Na, du kleiner Baumaffe, der Schelm hier . . .

Alle weiteren Worte blieben mir buchstäblich im Halse stecken, denn etwas stieß da gegen meine Beine. Der Totgeglaubte schnellte sich noch auf der Seite liegend ab, rutschte vorwärts, kam auf die Läufe und war nach wenigen Fluchten hinter den Ästen einer Randfichte jenseits des Weges verschwunden, in die hinein die Schrote meines hastig abgegebenen Schusses prasselten.

Ich fand weder auf der Wiese noch im Bestand Schweiß und hatte für den Eichkater, der wieder schnalzte, unfrohe Gefühle. Trotzdem folgte ich den weiten Fluchtspuren durch die „Lupinenschonung" und den „Schwedenberg" weiter, bis sie in den „Keil" hinein abbogen. Dort blieb ich stehen. Hatte mein Lehrmeister nicht einmal gesagt, daß beschossene Füchse öfter den Bau annehmen? Also hin zu den beiden Bauen, die er mir früher gezeigt hatte.

Auf dem alten Abfuhrweg fand ich die Spuren wieder, stand etwas später vor dem ersten Bau, und da – gleich durch die nächste Röhre – war er eingefahren. Aber dort, bei der dritten war er wieder heraus. Doch was war das? Die Spuren standen ja gar nicht heraus. Nein, da war doch – da war tatsächlich ein anderer Leisetreter auch noch eingeschlieft.

Da der Abend nahte, konnte ich die vier Röhren nur noch mit dem Rucksack, meinem Schal und den Handschuhen verblenden und etwas zutreten.

Am nächsten Morgen waren ein Waldarbeiter und ich wieder beizeiten auf dem Bau, wo alles unberührt schien. Nach drei mühelosen Einschlägen hatten wir bereits den ersten, und Minuten später auch den andern beim Wickel. Wieder streifte ich beide sofort. Der Beschossene hatte ein einziges Schrotkorn auf dem Schädel unter dem Balg sitzen – ein Korn von so vielen; und dennoch – wer war jetzt wohl froher und zufriedener als ich?

Ende Januar wurde es für die Jahreszeit ungewöhnlich mild, und ich fand eines Abends auf meinem Tisch einen Zettel: „Morgen 5.15 Uhr Abfahrt zur Jagd."

Wir fuhren pünktlich ab, die Fahrt verlief schweigsam, und auf dem „Bingelberg" verhielt der Kutscher. Der Chef teilte ein: „Da für die Küche eine Sau gebraucht wird, setzt Herr Müller sich im Schirm und ich mich auf dem Hochsitz an. Der Kutscher bewegt die Pferde beim Durchlaß, und du marschierst zwischen der Chaussee und dem Eisweg dauernd hin und her, damit Sauen hier nicht durchwechseln. Wenn ein Fuchs kommt, kannst du ihn meinetwegen schießen. Alles klar?"

„Jawohl."

Der Wagen rollte weiter. Meinen Auftrag nahm ich allerdings nicht übermäßig ernst. Ich wanderte aber doch umher; verhielt häufig und lauschte in die Nacht hinaus. Als es dämmerte, zogen mehrmals Gänse rufend hoch über mich hinweg, und einzelne Amseln begannen zu flöten und zu singen.

Es war längst Büchsenlicht – ich befand mich wieder auf dem Marsch zur Straße hin –, da fiel rechts hinter mir ein Schuß. Es mußte beim Schirm gewesen sein – armer Schwarzkittel –, ausgerechnet Müller mußtest du kommen, der fast nie vorbeischießt!

Ich war lauschend stehengeblieben, wollte weiter, als es rechts in den schwachen Stangen laut brach und knackte. Immer näher auf den Weg zu kam das Poltern, und dann hörte ich pustendes Schnaufen.

Eine kranke Sau!

Im Nu war ich fertig und hatte die Kugel eingeschaltet. Über eine Lücke in den Kiefern glitt ein großer Schatten. Das Brechen war jetzt fast am Weg – dann war alles still. Einige Sekunden vergingen, danach knisterte es leise, und mit einer langen Flucht war das Stück fast mitten auf dem Weg. Bevor es jedoch in der Dickung verschwand, fiel mein Schuß. Tosendes Prasseln, dann ein lauter Krach und aus derselben Richtung erneutes Brechen – dann Stille – und schließlich ein tiefes, röchelndes Stöhnen. Ach, du großer Strohsack! Da hatte ich den Keiler doch tatsächlich auf dem Wege erwischt. Nur gut, daß er krank war.

Ich markierte meinen Stand mit der Hülse und verbrach trotz der Fluchtfährten im Weg den Anschuß. Dann wartete ich.

Eine halbe Stunde später bog der Wagen um die Ecke. Der Chef stieg ab: „Nun?"

Ich berichtete.

Der alte Herr bemerkte die Patronenhülse, ging zum Anschuß und besah sich die Fährten im Weg. Als er den Kutscher heranwinkte, trat ich vor.

„Herr von Borcke, darf ich nicht allein nachsuchen?"

Er nickte, und schon kroch ich in die Dickung hinein, fand nach einigen Metern Schweiß und kniete etwas später neben dem starken Keiler. Auf dem Einschuß hinter dem Blatt standen hellrote Schweißbläschen, die langsam platzten. Weiß leuchteten die Waffen.

Erst nachdem ich mich mehrmals schluckend geräuspert hatte, konnte ich „Sau tot" rufen.

Über den Bruch freute ich mich sehr und war darob noch stolzer als auf meinen kapitalen „antilopenhaarigen Gamsbart".

Kaum hatte ich gefrühstückt, da war mein Chef auch schon in meinem Zimmer und betrachtete das Gewaff des Bassen: „Obwohl die Küche das Wildbret des Keilers ablehnt, kannst du dich über die guten Waffen hier freuen, genauso wie über den sauberen Schuß. Herr Müller orakelt vermutlich jetzt noch, weshalb er ihn auf fünfzig Gänge vorbeischießen konnte. Übrigens schnaufen starke Sauen, auch ohne krank zu sein, sehr oft, besonders wenn sie flüchtig sind und von weit her kommen."

Er lächelte, wollte sich umdrehen, verhielt dann aber und trat dicht an mich heran: „Wegen der guten Blattkugel kannst du künftig Sauen, die du bei deinen Reviergängen antriffst, bejagen. Schieße aber ja keine führende Bache, denn sonst wäre das Fest aus." Dann war er verschwunden.

Für die spätere Bockjagd mußten durch Pirschgänge und Ansitze die zahlreichen Böcke bestätigt werden. Dabei hatte ich einen sehr braven Sechser ausgemacht, und es wunderte mich nicht, daß ich eines Abends gerade auf diesen zu einer Pirschfahrt bestellt wurde. Der Bock trat aus einer Fichtendickung im „Lynow" auf den angrenzenden Kleeschlag aus und war der beste, den ich bisher hier gesehen hatte. Von einer Anhöhe aus musterten wir das Gelände. Nach längerer Wartezeit trat der Bock auch aus und äste sofort in dem üppigen Klee.

Mit einem „recht guter Bock" bestätigte mein Chef zunächst meine Beurteilung, aber dann glaubte ich meinen Ohren nicht trauen zu können, als er leise fortfuhr: „Los, schieß du ihn."

Sofort glitt ich vom Wagen, lud und pirschte an den Fichten entlang den Bock an. Auf fünfundvierzig Gänge kam ich heran, hatte wegen des hohen Klees aber trotzdem nur einen schmalen, roten Strich von ihm frei. Jetzt galt es! Den Krückstock in die Rocktasche gesteckt, an ihm angestrichen, mehrmals tief Luft geholt, und im Knall war der rote Strich verschwunden. Der Bock war im Feuer verendet; die Kugel saß hochblatt.

Einige Tage später erhielt ich die Aufforderung, zum Jagdherrn zu kommen. Nach einer freundlichen Begrüßung in der Halle führte er mich in sein Arbeitszimmer. Blendend weiß leuchtete mir die Krone meines Bockes entgegen, mit einem frischen Eichenbruch besteckt.

„Hier dein Bock, und nochmals Waidmannheil, und hier" – er griff hinter den Schreibtisch – „deine Flinte. Ich hätte niemals mehr rechte Freude an ihr. Halte sie gut und führe sie in Ehren. Ich glaube nicht, daß sie noch einmal von selbst losgeht."

Ich dankte benommen.

Schon damals hatte ich mir fest vorgenommen, niemals zu weit und auch nur dann zu schießen, wenn ich mir meiner Kugel oder des Schusses sicher war. Stundenlang und unzählige Male übte ich den Anschlag, bezielte schließlich mit geschlossenen Augen angenommene Ziele, nachdem ich sie vorher sekundenlang abwägend fixiert hatte und dann, als es Schlag auf Schlag gelang, diese ebenso über Kimme und Korn so lange, bis ich auch dieses fast fehlerfrei konnte.

Das neue Jahr hatte aber zunächst einige Überraschungen für mich bereit. Als erste erschien eine solche in Gestalt eines jungen Wirtschaftsgehilfen, der bald wie eine Klette an mir hing. Dann kam der Schwiegersohn meines Lehrmeisters, Förster Mangold, aus dem Felde zurück, der gleich die Amtsgeschäfte des alten Herrn übernahm, da dieser sich von seiner Krankheit nicht mehr so recht erholen konnte.

Schließlich erlebten wir eine geradezu lebhafte Invasion durch Schwarzwild, da unser Revier, als einziges weit und breit, größere Buchenbestände aufwies, die Mast hatten. Es war also nicht verwunderlich, daß der bis dahin schon rege Jagdbetrieb jetzt noch mehr Auftrieb erhielt. Während ich täglich die „Kattenberge", den „Neuen Teich" und das „Kossätenland" abfährtete und dort kreiste, übernahm der neue Revierverwalter diese Tätigkeit in den übrigen Revierteilen. Da außerdem eine Neue der andern folgte, wurden die Bedingungen hierfür geradezu ideal.

Der Nachtwächter hatte mich eines Morgens nach einer nächtlichen Neuen wieder rechtzeitig geweckt, und ich erwartete nach einem bescheidenen Frühstück den neuen Tag im „Wacholdersitz". Es war knapp Büchsenlicht. Gerade wollte ich aus meinem Schirm heraustreten und mit dem Kreisen beginnen, als mit brausendem Schwingenschlag ein großer „Schwarm" Rebhühner so dicht über mich weg strich, daß ich unwillkürlich den Kopf einzog. Ihm folgte nur mit geringem Abstand ein zweiter, wohl noch größerer „Flug". Da sämtliche Hühner auf dem Hang neben mir einfielen, machte ich mich klein. Zählen konnte ich sie nicht, da sie dauernd durcheinander quirlten. Es waren aber sicher mehr als dreihundert Stück, die sich hier zusammengefunden hatten und vermutlich auf Wanderschaft waren. Denn aus unserem Revier kamen sie bestimmt nicht, da es hier nur wenige Ketten gab. Als ich aus dem Schirm heraustrat, wurden sie wie eine braune Wolke hoch, steilten vor den Fichten senkrecht in die Höhe und waren wenig später verschwunden.

Das war allerhand; doch jetzt aber los!

Bis zur „Kuhdrift" hatte ich außer einigen Füchsen und mehreren Rehen weiter nichts gespürt oder gefährtet. Doch dann sah ich bereits von weitem die Furche in dem unberührten Weiß der Hutungsfläche. Der Keiler war aus dem Rohrgelege des Torfmoors gekommen und in den „Mittelblock" eingewechselt. Unter den dichten Randfichten konnte ich die Fährten weit besser beurteilen als in dem tiefen Pulverschnee im Freien – meine Faust paßte bequem hinein. Der Basse steckte im „Mittelblock".

Im „Neuen Teich" sah es ähnlich aus; nur fehlte hier ein Keiler.

Unter den Altbuchen im „Kossätenland" hatten die Schwarzen wieder alles auf den Kopf gestellt. Jedesmal begann, sobald ich das Durcheinander der Fährten sah und ich mir gar keinen Vers über deren „Woher" und „Wohin" machen konnte, mein Genick vor Ungeduld so heftig zu jucken, wie dies bei mir seinerzeit am ganzen Leib der Fall gewesen war, als mir die junge Mamsell Pferdeschinn ins Bett gestreut hatte.

Es dauerte lange, bis ich die verschiedenen Rotten, die mehrmals ihre nahrhaften Wege gekreuzt hatten, auseinanderhalten konnte. Zwei hatten die Wechsel durch den „Aalbach" zur „Lupinenschonung" hin genommen. Die dritte steckte. Es war sogar eine starke Rotte, wie der Einwechsel in die Fichtendickung zeigte.

Mit dem Gefühl der Befriedigung über das Resultat des Wintermorgens und noch mehr mit dem einer innerlichen Leere trat ich den Heimweg an. Drei verhutzelte Äpfel sind eben doch kein anständiges Frühstück.

Punkt 12 Uhr war wie stets „Lagebesprechung", wobei ich mit dem Wohlgefühl restloser Sättigung aufmerksam allen Erörterungen folgen konnte. Der Chef hatte das Wort: „Wir versuchen es also zuerst mit dem Keiler. Herr Müller steht bei der Eiche am Torfmoor, Sie, Herr Mangold, in der Nähe der Torfhütte am Rohr, und ich werde mich bei dem Fichtenstreifen am Meilenstein postieren. Gedrückt wird auf die Chaussee zu." Er wandte sich an mich: „Wo willst du eigentlich stehen?"

„Am liebsten dort, wo der Keiler kommt. Da die besten Stände aber schon besetzt sind, möchte ich mich am ‚Heuweg', dort, wo beim ‚Wacholdersitz' die Fichten unten auf die Birken stoßen, anstellen. Außerdem ist es der Rückwechsel."

Mein Chef schmunzelte, der Verwalter ließ seinen Priem von der einen Backentasche in die andere wandern, und mein neuer Revierverwalter schien leicht erstaunt zu sein.

„So, so, am liebsten also dort, wo der Keiler kommt; und wo kommt der Keiler heute?"

Da mir der Nacken zu brennen begann, antwortete ich nicht.

„Also gut! Anschließend fahren wir Schützen voraus. Dann besetzt Herr Mangold den Schirm, Sie, Herr Müller, nehmen den Posten zwischen den Seen und ich den Hochsitz. Du", wieder war ich gemeint, „kannst zwischen dem Eisweg oder dem Kuckschen Weg wählen. Die Treiber drücken zuerst die Fichten im Kossätenland, gehen über den unteren Steg und nehmen dann die Mühlenschonung, in der die gekreisten Sauen stecken. Wir brauchen uns somit nicht umstellen, sparen Zeit, und außerdem kämen die Sauen nicht hochflüchtig bei diesen Ständen an. Ich glaube, daß es so richtig ist."

Die beiden anderen Jäger bekundeten Beifall.

„Na, der junge Mann scheint nicht ganz unsere Meinung zu teilen. Was ist denn sonst noch zu sagen?"

„Wäre es nicht gut, wenn ein Schütze im ‚Calliessen-Berg' stehen würde? Die in den Fichten steckenden Sauen haben Nacht für Nacht in den Buchen im Gebräch gestanden. Wenn sie nach oben in die Buchen abgehen, werden sie vermutlich den ‚Calliessen-Berg' als Verbindung zum ‚Neuen Teich' annehmen und kaum über das freie Feld ausbrechen. Dort ist ein guter Platz."

Herr v. Borcke dachte nur kurz nach. „Deine Annahmen haben manchmal etwas für sich. Meinetwegen kannst du dich dort anstellen. Oder möchte ein anderer dorthin?" Keiner wollte.

Eine halbe Stunde später lehnte ich an einer Birke am Heuweg und blickte zu dem Hang hinauf, wo morgens die „Wanderhühner" eingefallen waren, während die vier Treiber rauchend am Dickungsrand darauf warteten, daß sie angehen konnten. Sie wollten den nach rückwärts ausbrechenden Keiler durch Pfiffe voranmelden. Als es soweit war, klopften sie ihre Pfeifen aus und verschwanden zwischen den Fichten.

Erst jetzt ging ich auf die andere Wegseite hinüber, räumte hier den Schnee weg und überzeugte mich, ob auch alle Läufe des Drillings mit Kugelpatronen geladen waren. Mehrmals bezielte ich mit geschlossenen Augen eine Birke – es klappte. Immer stand das Korn auf dem Stamm.

Es war doch mehr als nur merkwürdig: heute hatte ich über zwanzig Sauen gefährtet, ich hatte mehrere Füchse gespürt, aber nur in der Nähe des Dorfes die Spuren von zwei Hasen festgestellt. Nicht einen einzigen Krummen hatte ich bislang geschossen, während Füchse und Sauen . . . es gab mir hier einen Ruck, denn leise und weit weg glaubte ich einen verschwommenen Ruf zu hören. Da – jetzt ein leiser, langgezogener Pfiff, dann noch mal einer und noch einer. Ich entsicherte.

Der Schwarze kam!

Er mußte durch die Treiber abgegangen sein, denn sonst hätten diese nicht mehrmals gepfiffen und vorher sogar gerufen.

Links hatte ich den breiten Heuweg mit dem Hauptwechsel auf sechsunddreißig Gänge, rechts, bis zur angrenzenden Kieferndickung hin, blankes Feld. Wenn er kam, würde er sicherlich den Wechsel halten. Das plötzliche Zittern und Flattern des linken Knies unterband ich durch mehrere Kniebeugen.

In der Höhe des halben Hanges ein lautes Knacken!

Dann, bereits zum Dickungsrand hin, Poltern und Brechen. Er kam nicht links, sondern tatsächlich über die freie Fläche!

Wie eine riesige, schwarze Kugel fuhr er, eine Flucht weit von Schnee bedeckt, aus den Fichten heraus. Und dann kam er schräg auf mich zu.

Das Korn stand sofort auf dem Blatt, wohl dreißig Meter zog ich so mit, und erst, als er mir genau gegenüber und völlig breit war, rührte ich am Abzug.

Die Läufe des Bassen knickten ein, der Wurf pflügte den Schnee über den ganzen Weg, stieß dort an das aufgefahrene Wagengleis, und dann ging der Keiler über Kopf und krachte breitseits an eine Randbirke, wo er, an diese angelehnt, liegen blieb. Er rührte keine Borste mehr. Ein lichter Schauer Pulverschnee bepuderte ihn.

Obwohl ich sah und wußte, daß er verendet war, blieb ich doch noch eine Zeitlang mit angebacktem Drilling stehen. Erst dann lud ich den Kugellauf nach und zerrieb mir eine Handvoll Schnee im Gesicht und im Nacken. Ich hatte eine Abkühlung dringend nötig.

Als zehn Minuten später die Treiber mit dem Jagdwagen kamen, ging ich zu dem Gestreckten hinüber. Es waren genau einundzwanzig Gänge. Der Einschuß saß hochblatt; ein Ausschuß fehlte.

Die Jäger erwarteten uns am Stand des Jagdherrn. Mein Chef murmelte ein leises „Donnerwetter", umging den Keiler, besah sich den Einschuß und schaute mich dann nachdenklich an. Er brach den Bruch von einer Fichte neben seinem Stand. Sein fester Händedruck und sein freundlicher Blick sagten mir mehr als eine lange Rede.

Im nächsten Treiben fand ich auf einem Stubben in der Nähe einer Altfichte einen bequemen Sitz. Ein Abfuhrweg trennte hier die Kiefern des Calliessen-Berges von den Buchen. Ich hatte einen weiten Blick in das Laubholz hinein bis zu dem Feld hinauf.

Es mochte fast eine Stunde vergangen sein, als oben in dem lockeren Buchenaufschlag am Hang drei, vier, sechs Überläufer über eine Lücke trollten, die gleich darauf in einer Senke wieder verschwanden. Sofort war ich mit einigen langen Schritten neben der Fichte und machte mich schußbereit. Kaum stand ich so, da trollten noch weitere vier Sauen oben durch den Aufschlag. Doch da rutschten die ersten Stücke bereits den Hang rechts von mir herab.

Die vorderste Sau ließ ich unbeschossen durch, auf die nächste kam ich tadellos ab – Schuß! Schnell hatte ich nachgeladen, denn schon folgten die vier Nachzügler den Wechsel herab. Mein letzter Gedanke war noch – die sind aber erheblich schwächer –, dann war ich wieder auf dem zweiten Überläufer gut drauf und schoß, als er über den Weg fuhr.

Der Beschossene flüchtete mehrere Meter in den Kiefern weiter, wurde von den beiden letzten Stücken überholt, er drehte nach links einen Bogen und rutschte im Weg schlegelnd zusammen. So! Da sollte jetzt bloß jemand sagen, daß ich keinen guten Riecher hatte.

Der zuerst Beschossene war noch vierzig Schritte abgegangen und längst verendet. Beide waren Keilerchen. Der eine hatte einen Blatt- und der letzte einen Kammerschuß.

Als die Wagen später in den Weg einbogen, entlud ich.

Lange Zeit sagten die Angekommenen kein Wort, schließlich der Chef: „Junger Mann! Ich möchte dir jetzt noch ernstlich raten, daß du dir endlich einen anständigen Bart wachsen läßt, damit wir uns dir gegenüber nicht allzusehr zurückgesetzt fühlen", kleine Pause und dann, „die andere Rotte ist beim Durchlaß gekommen, wo sie dem Kutscher die Pferde gehörig wild gemacht hat."

Nach dieser Jagd aber begann für mich der Ernst des Lebens. Ich merkte, daß man sein Brot oft im Schweiße des Angesichts essen muß. Den Rest des Winters sammelten Waldarbeiter und eine Kolonne Gutsarbeiterinnen Kiefernzapfen, die ich in einem Backofen darren und behandeln mußte. Da der Ofen sehr niedrig und es außerdem stets sehr heiß darin war, kam ich mir bald selbst wie ein gedörrter Zapfen vor, und es hätte nicht viel gefehlt, dann wäre ich am Ende der Aktion auf allen vieren gelaufen.

Gleich bei Tauwetter wurde der schwere Kulturpflug angespannt. Der Pferdeknecht überließ mir dabei gönnerhaft und großzügig die Arbeit am Pflug, während er selbst das Gespann führte. Mehrere Wochen lang schüttelten mich die Haltegriffe des Pfluges hin und her, wobei mein im Ofen verbogenes Knochengerüst wieder in die alte Form gerüttelt wurde.

Dreißig Hektar sind groß, und mit den zehn Stunden täglich hinter dem Pflug war mein Bedarf an Bewegung reichlich gedeckt.

Die gesamte Verwaltungsspitze war zur Stelle, als ich mir Anfang April Schuhe und Strümpfe auszog und hinter die Säekarre trat – der dritte und letzte Akt hatte begonnen. Bei der ersten Pflugfurche hatte ich noch Begleiter, die sich wahrscheinlich davon überzeugen wollten, ob die Säemaschine auch funktionierte; dann erkaltete aber das gezeigte Interesse. Wenig später war ich allein. Der Tag verlief ruhig und reibungslos.

Doch bereits vom nächsten Tag an hatte ich einen neuen Begleiter in Form eines handfesten Wacholderstockes: einen Meter vor dem Karrenrad lag da faul und träge eine Kreuzotter, die mein Nahen zischend und züngelnd beobachtete und nicht weichen wollte. Nun, sie zischte nicht lange.

Nach weiteren drei Wochen war ich mit dem Alten Kahlschlag fertig. Sieben wärmeliebende Kreuzottern hatten mir nicht Platz machen wollen, 75 kg Samen waren in der Erde, und ich hatte zweimal einen Spaziergang von über 230 km hinter mich gebracht. Außerdem war ich körperlich in bester Form und braungebrannt wie ein Indianer; allerdings auch so mager wie ein Steppenwolf.

Die Saat lief gut auf. Ich ahnte nicht, daß ich zwanzig Jahre später diese bürstendichten Dickungen auf leisen Sohlen besonders gern durchpürschen und dabei noch manchen Schwarzkittel auf die Schwarte legen würde.

Der Mai verging, der Kuckuck rief und die Tauber lockten.

So – jetzt noch den Blattkranz zurechtgezupft – fertig. Befriedigt besah ich mir den Strauß Maiglöckchen, den ich mühelos in dem Blumenmeer gepflückt hatte. Ich kann zwar verstehen, daß viele Menschen nach dem Winterschlaf sofort an der Frühjahrsmüdigkeit leiden. Warum diese Blumen aber nach dem Mai benannt sind, da sie doch meistens erst im Juni blühen, wird mir wohl immer verborgen bleiben.

Na, jedenfalls würde sich morgen Klein-Liesa bestimmt über sie freuen.

Ich nahm meinen abgestellten Drilling auf und ging heim. Das heißt, ich wollte nach Hause, doch da tauchten hinter der Bachbrücke unerwartet mein Chef und seine Gattin auf. Um die Blumen zu verstecken, war es zu spät.

Herr v. Borcke musterte mich, schüttelte den Kopf und deutete auf die Blumen: „Es ist dir doch bekannt, daß ich im Wald herumliegendes Papier und Leute, die Blumen und Zweige abreißen und meistens bald wieder fortwerfen, nicht ausstehen kann. Was soll ich davon denken, wenn das nun ein Hüter des Waldes macht?"

„Verzeihung, Herr v. Borcke, ich bin sonst auch Ihrer Meinung, doch diese Maiglöckchen", ich wandte mich an seine Frau, „habe ich für Sie, gnädige Frau, gepflückt." Damit hielt ich der alten Dame nach einer Verbeugung den Strauß hin. Frau v. Borcke nahm ihn, schaute ihn drehend wortlos an, warf ihrem Mann einen kurzen Seitenblick zu und reichte mir ihre Rechte: „Das ist reizend von Ihnen", sie sog den Duft der Blüten ein, „ich freue mich, daß Sie an mich gedacht haben. Besten Dank!"

Mein Chef hatte seine Augenbrauen hochgezogen, schaute mich wortlos eine ganze Zeit an und ließ nur ein langgezogenes „Hm" hören.

Während des Heimweges wurden nur noch jagdliche Fragen besprochen. In der Halle gab mir Frau v. Borcke zum Abschied nochmals die Hand und sagte herzlich: „Nochmals vielen Dank. Ich freue mich wirklich sehr."

Bevor ich zu Bett ging, stellte ich meinen Wecker so früh, daß ich genug Zeit hatte, einen Ersatzstrauß zu pflücken, wobei mich bestimmt kein Mensch sehen oder treffen konnte.

Die Beendigung meiner Lehrzeit wurde formlos und ohne Freudengeschrei begangen. Mein Chef sagte in Gegenwart seiner Gattin dazu lediglich zwei ganze Sätze: „Da wir uns so gut aneinander gewöhnt haben, möchte ich sehr gern, daß du auch weiter hier bei uns bleibst. Oder muß ich jetzt wieder ‚Sie' sagen?" Ich blieb, und er brauchte nicht wieder „Sie" sagen.

Als ich Wochen später abends von dem üblichen Reviergang zurückkehrte, wurde ich vom Chef, der sich im Park erging, angerufen: „Du hast doch in den letzten Wochen von dem Zwillingsbuchen-Hochsitz aus das Hirschrudel bestätigt, bei dem der alte Eissprossenzehner steht. Du sollst diesen Zehner schießen. Er soll eine Belohnung sein. Du erinnerst dich doch sicher des Abends, als wir uns an der Aalbachbrücke trafen und du meiner Frau den Maiblumenstrauß schenktest. Sie spricht heute noch davon. Du mußt dich allerdings beeilen, denn übermorgen wird der Haferschlag dort angemäht, und dann wird das Rudel seine Wechsel verlegen. Waidmannsheil also!"

Ich war verblüfft und dachte sofort an die damaligen Umstände. „Waidmannsdank für Ihre Großzügigkeit", ich zögerte unschlüssig, doch dann fuhr ich fort, „Herr v. Borcke, ich muß Ihnen ein Geständnis machen."

Ich erzählte ihm, für wen der Strauß bestimmt war, und schloß: „Da ich weiß, wie Sie denken und Ihnen weiteren Ärger ersparen wollte, kam mir diese Lösung einfach und besonders gut vor." Ich schwieg bekniffen.

Mein Chef hatte mich nicht aus den Augen gelassen. Er schlug mit dem Stock durch die Luft.

„Es bleibt dabei! Meine Frau hat sich gefreut und tut es jetzt noch, und ich danke dir, daß du so offen zu mir bist und dabei auch an mich gedacht hast. Ich nehme nicht an, daß du meiner Frau ebenfalls beichten willst."

Er schwieg einen Augenblick, dann tippte er mit seiner Stockspitze leicht in meine Herzgegend: „Existiert dieses Fräulein Liesa eigentlich dort immer noch?"

Ich bejahte.

„Na, dann also in doppelter Hinsicht Waidmannsheil!"

Am nächsten Morgen schlich ich bei tiefer Dunkelheit auf dem sauber geharkten Pirschsteig dahin, um zu dem Hochsitz an dem Haferschlag zu kommen. Noch war ich über hundert Meter von ihm entfernt, als ich links von dem Stand und dicht neben ihm das helle Klicken zusammenschlagender Geweihstangen vernahm. Das waren der Zehner und der junge Kronenzwölfer, die dort scherzten, denn die drei anderen Geweihten waren noch im Bast. Ich kam also zu spät. Außerdem war es noch zu dunkel, und bald würde das Rudel einziehen.

Sofort machte ich daher kehrt und pirschte zurück. Jetzt mußte ich mich auf der alten Brandfläche ansetzen, denn dort würde mir das Rudel noch kommen. Wochenlang hatte ich beobachtet und abgefährtet. Auf der Brandfläche hatten jahrelang Heide, Segge und Ginster üppig gewuchert, bis sie abgeräumt, die Hälfte umgebrochen und mit Kartoffeln bepflanzt war, die allerdings nur von Sauen und Rotwild geerntet wurden. Jetzt war dieses Stück mit Lupinen bestellt, die den Rest der früheren Schlagunkräuter verdämmt hatten. Im Frühjahr sollte die Fläche aufgeforstet werden. Auf dem anderen Stück standen jetzt Kartoffeln, in denen wieder Sauen und Hirsche eifrig pflügten und herumwirtschafteten. Dort würde ich die Hirsche abfassen, falls sie nicht etwa noch vor Büchsenlicht anwechselten.

Ich schob mich in den aus Wacholdern um die Eiche herum errichteten Stand und setzte mich. Dann bohrte ich den stets mitgeführten Holzbohrer in passender Höhe in die Eiche ein und hatte so eine gute Auflage für den Drilling.

Nichts rührte sich. Im Osten hatte sich der Himmel erhellt und mählich wurde die Ferne zur Nähe. Von den Hirschen war immer noch nichts zu hören, doch mußten sie mir noch kommen. Sie würden gegen den halben Wind ziehen und, wie hier stets, noch einige Kartoffeln als Nachtisch aufnehmen.

Endlich war Büchsenlicht. Ich konnte einen alten Waldhasen ausmachen, der satt und bedächtig am Rande der Lupinen herummümmelte. Schließlich verschwand er nach einer hohen Flucht im Lupinenfeld. Kurz darauf brach halblinks von mir knallend ein Ast. Wenig später schlug in den Kiefernstangen ein Hirsch. Sie kamen!

Ich rückte mich zurecht, legte den Drilling in die Auflage und wartete, indes mein Herz doch etwas pumperte. Nochmals brach laut knackend ein Ast, doch nun war alles wieder still. Dafür tauchten über den Ginster weg ragend, zwei, drei Geweihe auf und schon standen die beiden jungen Achter und ein ebensolcher ungerader Zehner am Rande der Kartoffeln. Wieder schaukelte ein Geweih über dem Ginster – der alte Zehner. Dieser verhielt und wurde von dem Kronenzwölfer überholt, zwischen dessen Stangen sich einige Birkenäste festgeklemmt hatten. Es sah komisch aus, als der Hirsch mit schlagendem Haupte versuchte, seine lästigen Mitbringsel loszuwerden. Schließlich gelang es.

Beide Hirsche hatten jetzt auch die Kartoffeln erreicht, wobei allerdings der Zwölfer zur Hälfte von dem Zehner verdeckt war.

Nur Ruhe – erst wenn er völlig frei steht!

Plötzlich fuhren die Hirsche durcheinander und standen im Pulk zusammengerudelt; dabei äugten sie alle in eine Richtung. Wie von einer Nadel gestochen fuhr ich zusammen, als von dort lautes, beinahe hölzernes Klappern ertönte. Da soll mich doch ... Ich beugte mich zur andern Lücke rechts von der Eiche und erblickte am Rande der Kartoffeln – Urian. Der starke Keiler hatte aufgeworfen und klappte mit dem Gebrech, daß es nur so hallte. Sollte ich? Nein, ich wollte nicht!

Die Hirsche standen immer noch unbeweglich und äugten zum Keiler. Dieser stand auch wie bisher und klappte unentwegt. Wenn bloß der Zehner frei wäre! Er war aber nicht frei, noch wurde er frei, denn jetzt löste sich der Pulk auf, und die Hirsche zogen spitz von mir weg ab.

Ich hatte sehr unlustige Gefühle für den Keiler, besonders, als ich so spitz von hinten in das tief nickende Geweih des Zehners blicken mußte.

So also verjagt ein gewitzter, alter Schwarzkittel unerwünschte Tafelgäste. Er hatte mit seinem verspäteten Frühstück gerade begonnen, als der Zehner als letzter des Rudels drüben in den Fichten verschwand.

Jetzt galt es!

Ich sicherte, entlud die Schrotläufe und schlängelte mich aus meinem Ansitz heraus. Ich mußte jetzt die Hirsche noch vor ihrem Einstand abfassen. Noch einen letzten Blick warf ich zurück – der Keiler brach ruhig und wie selbstverständlich bei vollstem Tageslicht. Es war einfach nicht zu glauben.

Jetzt stach ich den vorher eingestochenen Abzug ab, nahm den Drilling in die rechte und den Hut in die linke Hand, klemmte das pendelnde Glas fest und trabte los. Ich kam so sehr schnell voran, querte den Bach, wich der von Sauen aufgebrochenen Hasenwiese aus und hatte den Weg, der vor der Dickung in einem Stangenholz entlangführte, erreicht. Da war der Pirschsteig, der zu dem Hochsitz führte. Lauschend verhielt ich – leise

Bache im Kessel

Gute Mast im Eichenwald

Sauen als Tagwild – der Traum eines jeden Jägers

rauschte der aufgefrischte Wind in den Baumkronen, sonst war nichts weiter zu hören. Vorsichtig erkletterte ich den Hochstand und machte den Drilling fertig. Von meinem Sitz hatte ich einen guten Einblick in den Erlenbestand, der an den Bach angrenzte. Von hier war auch der breite, tief ausgetretene Hauptwechsel, der zur Dickung hinführte und sich erst in dem Stangenholz gabelte, fünfundsiebzig Meter entfernt.

Eine Viertelstunde war vergangen – nichts tat sich. Nach weiteren zwanzig Minuten wurde ich unruhig und war gar nicht mehr davon überzeugt, daß die Hirsche nicht vergrämt, sondern sich in den Kartoffeln nur von dem schwarzen Klapperfritzen gestört gefühlt hatten. Trotzdem wollte ich weiter warten, denn auch der Keiler würde den Wechsel annehmen, um sich in die hinter mir gelegene Dickung einzuschieben. Soweit war ich mit meinen Gedanken gekommen, als vor mir mehrere Platscher im Bach erklangen.

Die Hirsche!

Wieder plätscherte es, und dann rauschten und knisterten Schilf und Rohr, Äste brachen. Schließlich zog das Rudel völlig vertraut heran; es hielt den Wechsel.

Leise klickte der Rückstecher, während ich den Zehner nicht mehr aus den Augen ließ. Mit nickendem Haupt zog er als letzter aus dem Röhricht heraus. Auf einer Höhe verhoffte er und kratzte sich mit dem rechten Hinterlauf hinter dem Lauscher. Anschließend schüttelte er sich.

Wenn er dort auf der Lücke zwischen den beiden Stockausschlägen auftauchen wird!

Der Zehner war jetzt etwas hinter dem Rudel zurückgeblieben und zog nun schneller voran, verschwand hinter dem ersten Erlenstock. Als er wieder auftauchte, stand das Korn auf dem Blatt. Ich zog mit.

Im Schuß knickte er vorn tief ein, kam taumelnd wieder auf die Läufe, beschrieb einen Bogen und ging hochflüchtig ab. Hinter Randästen einiger Erlen kam er mir außer Sicht.

Wieder hatten sich die anderen Hirsche verhoffend zusammengerudelt und äugten dem abgehenden Gefährten nach, fuhren erschreckt auseinander, formierten sich flüchtig und waren gleich darauf ebenfalls verschwunden. Sie hatten ihn wahrscheinlich zusammenbrechen sehen.

Ich lud den Büchsenlauf nach und zündete mir eine Zigarette an. Mit geschlossenen Augen ließ ich meine Gedanken wandern. Sie irrten im Kreise umher, kamen aber immer wieder zu dem Anblick zurück, da der Hirsch mir außer Sicht kam.

Nach einer halben Stunde baumte ich ab und ging zum Anschuß. Da war er, denn auf den Brennesseln lagen Schnitthaare und dort war Schweiß – dunkelrot und immer stärker werdend. Etwas später erblickte ich den verendeten Zehner in den Stangen liegend, Haupt und Geweih halb unter sich verdreht.

Ich legte das Haupt zurecht und brach ihn dann auf. Er war außerordentlich feist und hatte dunkelbraune, stark abgeschliffene Grandeln. Die Kugel hatte das Herz gefaßt.

Bei dem Stand an der Eiche säuberte ich die Haken und holte mir den dort zurückgelassenen Bohrer. Ebenso besah ich mir das letzte Gebräch des Bassen – oha, gar nicht schlecht, und die Fährten so stark, daß ich gleich Pläne für die allernächste Zeit schmiedete. Wir würden uns hier noch wiedersehen!

Mein Chef faßte später sein Urteil zusammen: „Guter, alter Hirsch, sehr gut angesprochen. Wo sind die Haken?"

Ich gab sie ihm. Sinnend schaute er sie an und rieb sie polierend auf dem Rockärmel.

„Sehr gut. Willst du dir nun eine Krawattennadel daraus machen, oder soll ich sie zu einem netten Anhänger verarbeiten lassen?"

Ich merkte, daß ich rote Ohren bekam. Etwas hilflos stotterte ich daher: „Eigentlich müßte man der gnä . . .", er unterbrach mich: „Eigentlich müßte sich ein gewisser junger Mann freuen, daß aus einem Blumenstrauß ein gutes Hirschgeweih herausgewachsen ist."

Er steckte die Grandeln ein.

„Ich lasse besser einen Anhänger arbeiten, für den du bestimmt Verwendung haben wirst."

Er grüßte und ging etwas steifbeinig ab.

Er war nicht nur ein prächtiger, sondern auch ein verständnisvoller alter Herr – mein Chef.

Die aufgegangene Hühnerjagd machte einen neuen „Kriegsrat" nötig, der auf dem Gutshof einberufen wurde, und dem natürlich der Jagdherr wieder vorstand: „Ich fasse also zusammen: Sie, Herr Müller, gehen mit Herrn Schulz und arbeiten mit Cora. Und Sie, Herr König, haben mit mir zusammen Unkas zur Verfügung. Wir fangen wie besprochen an und treffen uns schließlich bei dem Bruch am ‚Lynow'. Abfahrt pünktlich 9 Uhr." Der Chef stieß abschließend, gewissermaßen als Schlußpunkt seiner Rede, seinen Krückstock kräftig in den Boden. Dann wandte er sich mir zu, musterte mich eine Weile und sagte schließlich wohlwollend: „Da du dir ja nicht allzuviel aus der Hühnerjagd morgen machst und drei Schützen hinter einem Hund auch schlecht arbeiten können, kannst du dich ja als Ersatz irgendwo auf Sauen ansetzen, während jeder von uns ein Dutzend Hühner schießen wird."
Er schwieg, schmunzelte und wollte damit die eingehende Beratung beenden.
Sofort aber antwortete ich: „Wenn ich schon als fünftes Rad am Wagen betrachtet werde, dann will ich morgen früh am ‚Schirm' eine Sau schießen, die gewichtsmäßig vier Dutzend Hühner aufwiegen dürfte."
Herr v. Borcke zögerte einen Augenblick, wollte anscheinend etwas erwidern, unterließ es aber doch, und alle Beteiligten gingen grüßend auseinander.
Am anderen Morgen verließ ich bei tiefer Dunkelheit das Haus. Ein leichter Regen begrüßte mich. Na, das beste Hühnerjagdwetter würden die anderen Jäger bestimmt nicht haben.
Eine halbe Stunde später schob ich mein Fahrrad in eine Dikkung, lud den Kugellauf des Drillings und tastete mich auf dem tiefen Sandweg zu meinem Stand.
Obwohl ich jeden Meter des Weges genau kannte, kam ich der Dunkelheit wegen nur langsam voran, erreichte jedoch, ohne irgendwo „anzuecken", schließlich wohlbehalten den „Schirm". Dort lud ich die Schrotläufe mit Brennekegeschossen nach und stellte die Waffe in die Gewehrhalterleiste. Dann legte ich die Ölhaut ab, die ich wegen des Regens übergeworfen hatte, und zog meinen Lodenmantel an.

Endlich saß ich mit geschlossenen Augen und halboffenem Mund auf dem schmalen Sitzbrett und lauschte in die Nacht hinaus; denn es war noch Nacht, und kein Dämmergrau kündete den nahenden Morgen an. Kein Laut unterbrach die fast greifbare Stille; nur ab und zu zerstäubte ein fallender Tropfen aus den Bäumen über mir mit leichtem Aufschlag auf Hut und Schirmbrüstung. Lange waren es die einzigen Geräusche; so lange, bis sich zaghaft und in Abständen einige Enten vom See her vernehmen ließen. Weshalb hatte ich eigentlich den „Schirm" hier als heutigen Ansitz angegeben, obwohl andere Stellen genauso günstig waren?

Ich öffnete jetzt die Augen und schaute zu dem Streifen zwischen Dickung und Stangenholz auf – es schien, als sei es schon etwas heller geworden.

Da – ich fuhr zusammen. Halbrechts von mir ein kurzes, scharfes Knacken. Mein Griff nach dem Drilling unterblieb. Atemlos lauschte ich weiter.

Jetzt wieder leises Brechen, doch schon etwas näher, wie mir schien. Sofort stand ich geräuschlos auf und hatte meine Waffe schußbereit. Wieder brach es in der Dickung. Ich hob den Drilling und zielte probeweise. Noch war es so dunkel, daß ich nicht einmal die glatte Laufschiene in ihrer ganzen Länge erkennen konnte.

Abermals brach es halbrechts, nur jetzt schon lauter. Es war ein einzelnes Stück, aber auf keinen Fall ein Hirsch. Das Geräusch anstreichender Stangen fehlte.

Dann konnte ich schemenhaft einen Schatten erkennen, der dort aus der Dickung auftauchte, wo die aufgeasteten Randkiefern mit dem Dunkel der Dickung verschmolzen. Starke Sau – wahrscheinlich Keiler! Er hielt den Wechsel und mußte mir auf dreißig Gänge auf der breiten Schneise kommen. Gegen den dämmergrauen Himmel brachte ich den Drilling ein-, zweimal in Anschlag, und schon zeigten die Läufe dorthin, wo er anwechseln mußte. Mit dem linken Auge sah ich den Keiler wie einen großen schwarzen Klumpen dicht vor der Schneise verhoffen. Er zog aber gleich weiter und genau in meine Schußlinie hinein. Jetzt!

Obwohl mich das Mündungsfeuer des Schusses blendete, sah ich, wie die Sau sich herumwarf. Prasselnd verschwand sie wieder in der Dickung – dann ein scharfer Knall – Stille.

Ich stand bewegungslos und lauschte; und jetzt, nach langer Zeit – vermutlich war aber wenig mehr als eine Minute vergangen – kam von dort her ein röchelndes Husten und leises Klappen. Der Keiler war mein!

Ich setzte mich, lud nach und horchte auf das Klingeln ziehender Enten und auf deren Rufen. Später, als es fast Büchsenlicht geworden war, meldeten sich Eichelhäher.

Es wurde Tag, ein grauverhangener Tag mit jetzt nur noch feinem Sprühregen.

In dem Heidekraut fand ich auf dem Anschuß keine Schußzeichen, dagegen auf dem Astmoos im Jungholz sofort reichlich Lungenschweiß. Die Fährte war leicht zu halten, und bald stand ich bei meinem Keiler. Es war sogar ein starker Basse. Die Kugel saß drei Finger breit hinter dem Schild und hatte keinen Ausschuß ergeben. Nach dem Aufbrechen säuberte ich mir im See die Hände und radelte vergnügt heim. Der erneut stärker werdende Regen störte mich gar nicht.

Der Keiler wurde vom Kutscher und zwei Begleitmännern eingebracht. Das Aufladen soll gar nicht so leicht gewesen sein.

Ich hatte gefrühstückt und war gerade dabei, dem Bassen die starken Waffen herauszuschlagen, als ich durch meine Beine hindurch die wildledernen Gamaschen des Chefs auftauchen sah. Dicht hinter mir verhielt er und schaute mir stumm zu. Als ich meine Arbeit beendet hatte und mich aufrichtete, ging er nach kurzer Begrüßung um den Keiler herum, prüfte den Einschuß und hob dann mit seinem Stock den langen Pürzel an, legte ihn lang und strich ihn glatt.

Sinnend betrachtete er den Schwarzkittel längere Zeit, untersuchte nochmals den Kugelsitz und meinte dann: „Das fünfte Wagenrad hat doch ganz gut gespurt. Hast du eigentlich immer solche Vorahnungen?" Und dann wieder nach einer Weile: „Solch einen alten Burschen möchte ich auch gern noch einmal schießen – lieber sogar als etwa ein Dutzend Hühner."

Er nahm mich anschließend beim Arm, ich trug das Gewaff, und blieb neben einer Parkeiche stehen. Mit seinem Stock zog er einen Ast herab und brach den Bruch. Er übergab ihn mir in dem Augenblick, als seine Hühnerjagdbegleiter herankamen.

Er sagte: „Der erste Teil des heutigen Jagdprogramms ist erfüllt. Wahrscheinlich fällt der Rest ins Wasser." So war es auch, denn nach einem erfolglosen Versuch kam die Jagdgesellschaft, naß bis zum Nabel, ohne ein einziges Huhn zurück.

Doch das Schicksal versagte meinem Chef und Gönner den Wunsch, einen ähnlich starken Keiler zu strecken, wie es meiner am Schirm gewesen war.

Als der rauhe Schrei der Hirsche durch die Wälder dröhnte, verklangen „Jagd vorbei" und das „Halali" über dem offenen Grab des Jagdherrn.

Vorbei!

Ja, auch mit mir schien es vorbei zu sein, denn tagelang konnte ich keinen vernünftigen Gedanken fassen. Ich war mir selbst im Weg und kam mir schließlich wie „Pik-Sieben" vor, bis ich eines Tages zu Frau v. Borcke befohlen wurde.

Sie empfing mich im Arbeitszimmer des Verstorbenen, wo jetzt links vom Schreibtisch dessen lebensgroßes Porträt an der Wand hing. Ich hatte einen würgenden Kloß im Halse, mein Genick fing wieder an zu kribbeln, und ich mußte mich zusammenreißen, als sie mich ansprach:

„Ich weiß, wie Ihnen jetzt zumute ist, da ich das gute Einvernehmen, das zwischen Ihnen und meinem Mann bestand, genau kenne. Jetzt möchte ich Ihnen noch mitteilen, was mir mein Mann bei einem meiner letzten Besuche im Krankenhaus sagte. Er sagte da wörtlich: ‚Sieh zu, daß du Hoffmann so lange wie nur irgend möglich hältst. Du kannst dich auf ihn genauso verlassen wie auf dich selbst.'

Das wollte ich Ihnen sagen, und deshalb habe ich Sie hergebeten. Ich würde es begrüßen, wenn dieses vertrauensvolle Verhältnis auch zwischen uns entstehen würde."

Mir war, als ob plötzlich die kühlen Augen auf dem Gemälde von den mir so bekannten Lachfältchen umgeben wären – ich konnte kein Wort herausbringen, sondern mich nur über die Hand meiner Chefin beugen.

Schließlich kam doch der Tag, an dem es Meister Lampe an den Balg gehen sollte. Vielleicht nur allein deswegen, da die Jagdherrin solche für den Pastor, den Lehrer und einige andere Honoratioren vorgesehen hatte. Damit der Erfolg auch von vornherein gesichert schien, hatten wir acht Schützen eingeladen, und über vierzig Treiber sollten uns dabei unterstützen. Also auf nach Kankelfitz! Nach den beiden Vorstehtreiben im dortigen Torfmoor lagen bereits 12 Krumme. Ich hatte lebend keinen gesehen. Der „Buchenberg" brachte vier weitere, wobei ich, wer sagt's denn, sogar einen von weitem sah. Zwei lange „Böhmische Streifen" ergaben das für die Zeit geradezu frappante Ergebnis von 33 Langohren – meine Drillingrohre waren dabei so blank und sauber geblieben, wie die Seele jeder Jungfrau sein sollte. Da mit der steigenden Strecke auch der Eifer und der Ehrgeiz aller Teilnehmer im gleichen Verhältnis gestiegen waren, sollte das „halbe Hundert" am „Langen Berg" nicht nur vollgemacht, sondern noch überschritten werden.

Das Gelände grenzte in der Ferne an eine Bauernjagd, und ein besonders scharfäugiger Treiber hatte dort mehrere Gestalten hinter Bäumen und Büschen verschwinden sehen. Deshalb sollte sich der Abschluß des Tages in Form eines Kessels abwickeln. Wir standen auf der südlichen Kuppe des Berges. Der Wirtschaftsgehilfe las gerade seinem Chef aus der Streckenliste die bisherigen Resultate der einzelnen Schützen vor, als plötzlich Unruhe bei der versammelten Mannschaft aufkam. Die Ursache war ein harmloser, aber anscheinend auch gewitzter Lampe, der langsam hoppelnd den vorgesehenen Kessel verließ und sich auf über zweihundert Schritte Entfernung in geradezu aufreizender Weise mit der Anlage einer Sasse beschäftigte. Es wurde aber nur ein Provisorium, denn bald hörte er damit auf. Dort saß er also, behielt uns schön im „Auge" und wiegte sich so in genügender Sicherheit.

Wie das nun in solchen Fällen öfter ist, wurde bald die Meinung laut, man solle eine derart offensichtliche Provokation durch einen sauberen Kugelschuß ahnden. Diese unmißverständliche Aufforderung war an mich gerichtet, da ich als einziger Schütze einen Dreiläufer führte. Welches Hohngelächter nach einem Fehlschuß erschallen würde, wußte ich im voraus auch. Ich lehnte daher den Weitschuß unter verschiedenen Vorwänden so lange ab, bis der Oberinspektor mit komischem Unterton in der Stimme meinte, ich könne ja wohl Sauen vermutlich sehr viel besser und eher treffen, da sie eben dicker wären. Als er dann auch noch hervorhob, daß ich wohl über zwei Dutzend Schwarze, aber noch nie einen Krummen erlegt hätte, erhob sich ein so gewaltiges Hallo, daß sich der Hase in der Ferne auf die Keulen setzte.

Mehr aus jugendlichem Übermut, als um den Gegenbeweis zu liefern, lud ich den Kugellauf, schaltete die Kugel ein und stach. Erwartungsvolle Stille herrschte, als ich Lampe anvisierte. Zwei Hände breit über den Kopf hielt ich – Schuß! Der Beschossene schnellte senkrecht hoch und lag.

Gleich mehrere Treiber trabten los und holten ihn. Ihr Kommentar: „Hei hett em de Kopp glatt afschooten. Junge, Junge, dat was ne Schuß!" ging mir wie Öl runter.

So schoß ich meinen ersten Hasen.

Gleich nach Weihnachten bekamen wir Frost. Von der Anhöhe hatte ich einen wundervollen Ausblick auf das tiefverschneite Wiesengelände. Leichter Dunst lag in mehreren Schichten dort über den Wiesen. Über allem stand eine blasse, unwirklich erscheinende Sonne.

Ununterbrochen zogen Enten rufend und paakend hin und her. Der plötzlich aufgetretene starke Frost hatte Bäche und Moore mit einem Eispanzer überzogen. Nur einzelne schnellfließende Stellen der Bäche waren noch eisfrei. Von Blänke zu Blänke zog jetzt unruhig das verstörte Entenvolk. Sie hatten zwar noch keine Not gelitten, fanden aber anscheinend auch nicht so recht das ihnen zusagende Plätzchen. Angesichts des regen Treibens war ich mit mir einig: heute abend würde ich an einer derartigen Blänke Posten fassen, um dem ungewöhnlichen Entenreichtum beizukommen.

Nach dem Mittagessen waren die notwendigen Vorbereitungen bald getroffen: doppeltes Unterzeug angezogen und genügend Patronen eingesteckt. Größeren Aufenthalt gab es nur bei der Suche nach dem Fußsack. Endlich fand ich ihn verstaubt unter einem Fischernetz. Er war zwar kein Prachtstück, jedoch von meiner Mutter liebevoll aus einem ukrainischen Schafspelz, den mein Bruder aus dem Kriege mitgebracht hatte, gefertigt. Dieser Fußsack hatte einen Fehler, obwohl er genügend lang war, er war zu eng. Ich kam schlecht in ihn hinein, und dann standen meine Füße dicht aneinander gepreßt beengt in ihm. Bisher hatte er mir jedoch gute Dienste geleistet und mir auch stets genügt. Während meines Anmarsches beschäftigte mich nur die Auswahl des richtigen Postens. Bei dem starken Ostwind sollte er möglichst windgeschützt und außerdem an einer offenen Rinne des Baches liegen. Endlich fand ich den richtigen Platz. In einem Stangenholz richtete ich mich ein. Ich hatte die offene Wasserstelle dicht vor mir und konnte sie gut beschießen sowie gegen den hellen Nachthimmel auch bei späterem Mondlicht gut abkommen. Weit im Hintergrund stieß die an den Bach angrenzende Wiese an das Nachbarrevier. Unangenehm war nur, daß der Boden zum Bach zu stark abfiel, genauso wie das diesseitige Ufer. Hinter einer Kiefer räumte ich den fußhohen Schnee beiseite und steckte einige Wacholderbüsche als Deckung davor ein. Diese „bepuderte" ich noch naturgetreu mit Pulverschnee, den ich im Hut heranschaffte.

Dann fuhr ich mit einigen Schwierigkeiten in den engen Fußsack und saß schließlich befriedigt auf meinem Sitzstock. Die zahlreichen Schrotpatronen hatte ich griffbereit in die Manteltaschen verteilt. Es konnte losgehen.

Ich hatte mir vorgenommen, hier einige Stunden auszuhalten, und merkte kaum, daß das Dämmerlicht des scheidenden Tages übergangslos der Nacht gewichen war. Der fast volle Mond gab, in Verbindung mit dem blendenden Schnee, so viel Helligkeit, wie man es nur in bitterkalten Winternächten bemerken kann. Denn bitterkalt war es.

Unentwegt zogen Enten über mich weg. Meine „Badewanne" vor mir blieb aber leider leer. Allmählich machte sich, trotz meiner warmen Ausrüstung, aber doch die Kälte bemerkbar. Sie biß mich besonders in meine Kniekehlen, da hier Mantel und Fußsack nicht anschlossen. Das Maß für die Zeit hatte ich auch verloren, da ich mich nicht viel rühren und die Uhr aus der Weste ziehen wollte. Nur am Zigarettenverbrauch hatte ich eine ungefähre Übersicht. Für kurze Zeit kamen aus dem Nachbarrevier ein Alttier mit Kalb in die Wiese gezogen. Unruhig traten die beiden Stücke dort hin und her und zogen schließlich in das Holz zurück.

Enten kamen aber immer noch nicht. Weshalb ich eigentlich sitzen blieb, konnte ich nicht sagen. Ich saß einfach fest und scheute mich, aus dem warmen Fußsack heraus in den Schnee zu treten. Das zunehmende Kältegefühl besänftigte ich dadurch, daß ich mich öfters in meinem molligen Hemd kräftig „suhlte".

Es mochte gegen 8 Uhr sein, als plötzlich einige Enten in sausendem Sturzflug doch auf der Bachrinne einfielen. Sofort war ich schußfertig. Nach einer Weile erkletterte ein Erpel das Eis, rief und machte eingehend Toilette. Obwohl ich klamme Finger hatte, schoß ich. Er mußte Schrote in den Kopf erhalten haben, denn in steilen Luftsprüngen schnellte er umher, lag aber bald auf dem Schnee verendet still. Seine beiden Begleiter waren angstrufend abgestrichen.

Eine Zigarette brannte als Dankopfer und Nasenwärmer, während ich dem Geklingel ziehender Enten lauschte. Ich hatte es längst aufgegeben, Schlüsse über meine Fehlwahl des Standes zu ziehen und schaute dafür träumend zum Mond empor, der heute besonders hell schien. Bei einem Rundumblick vermeinte ich weit oben bachaufwärts einen hinter einer Biegung verschwindenden Fleck auf dem Eise wahrzunehmen und war sofort hellwach. Tatsächlich – jetzt war der Fleck wieder da. Ein Fuchs! Merklich warm wurde mir bei dieser Erkenntnis, und schon hatte ich die Entenschrote aus der Waffe herausgezogen und dafür zwei grobere Schrotpatronen aus der Hosentasche in die Läufe eingeführt.

Ahnungslos kam Reineke näher, verschwand hinter einer Bachbiegung, tauchte erneut wieder auf. Ich hatte das Glas vor den Augen. Als er zur Seite abbog, hielt ich die Luft an. Otter! Wahrhaftig – ein Otter! Ich drehte mich etwas mehr nach links, kniff für Augenblicke krampfhaft die Augen zu und wartete. Er kam im tiefen Schnee nur langsam näher, und ich dankte jetzt noch schnell Diana, daß der Wind gut war. Er war bis auf fünfzig

Gänge heran, als er verhielt und klein wurde. Aha, er hatte die Ente auf dem Eis eräugt! Dicht am rechten Ufer entlang schob er sich langsam näher. Noch dreißig Gänge! Wenn er breit steht, knallt's.

Ich war längst fertig, als er mit einer weiten hüpfenden Flucht in der Bachmitte spitz auf mich zu verhoffte; dabei hielt er die Rute seitlich hoch. Nanu? Küselte etwa der Wind? Um besser schießen zu können, war ich unwillkürlich aufgestanden und erblickte an der Kiefer vorbei, dort wo der Erpel ausgestiegen war, sofort einen weiteren Otter. Dieser saß halb aufgerichtet und äugte nach dem Ankömmling.

Die beiden Artgenossen verhofften unbeweglich, während ich die neue Lage unschlüssig beurteilte.

Meine Füße steckten wie in einer Zwangsjacke im Fußsack, viel bewegen konnte ich mich unten nicht. Ein Schuß auf den fast greifbar nahen Otter war nicht möglich, da er direkt neben der Rinne saß. Ebenso kam ein Schuß auf den spitz stehenden anderen Otter auch nicht in Frage. Also abwarten! Wie ein Dampfhammer klopfte mein Herz bis zum Hals herauf. Doch dann klärte sich die Sachlage von selbst.

Drei Fluchten machte der Otter neben mir und hatte den Erpel im Fang. Auch er hatte die Rute jetzt fast senkrecht hochgestellt. Jetzt! Mit einer hüpfenden Bewegung lehnte ich an der Kiefer – Schuß! Sofort fuhr ich herum, und schon fiel auf den abdrehenden anderen Otter mein zweiter Schuß. Durch den letzten Rückstoß, den ich mit den Füßen nicht ausgleichen konnte, da sie wie eingemauert im Fußsack steckten, fiel ich gegen den Baum, glitt ab, und dann rutschte ich langsam aber sicher hangabwärts. Mit den Füßen voran landete ich mitten in der Rinne.

Das mir bis an die Brust reichende Wasser fand ich erst gar nicht kalt. Im Gegenteil. Ich stand mit dem Rücken gegen das Randeis gelehnt und stützte mich mit der Mündung der Flinte im Wasser. Es verging eine geraume Zeit, bis ich mich des vertrackten Fußwärmers durch verzweifeltes Strampeln entledigt hatte. Zuvor aber hatte ich mich noch durch einen schnellen Blick überzeugt –: Beide Otter lagen.

Es war nicht einfach, mir auf der Wiesenseite mit dem Schaft einen Ausstieg in das Randeis zu stoßen. Endlich hatte ich es aber doch geschafft und lag nun schachmatt auf dem Bauch im Schnee. Jetzt war mir aber sofort barbarisch kalt. Ich kam daher sehr bald hoch und holte die Otter vom Eis herunter. Es waren zwei mittelstarke Rüden. Den Erpel ließ ich großzügig den Füchsen.

Nach wenigen Minuten waren meine Kleider ein gefrorener Eispanzer. Mit den beiden Ottern im Rucksack, die mich dort sehr schön wärmten, wollte ich nun schnell heim, doch in den gefrorenen Kleidern, die überall scheuerten, kam ich nur langsam vorwärts. Obenherum war mir bald zu warm, unten aber gar nicht mollig. Als ich schließlich zu Hause war, konnte ich kaum den Panzer loswerden. Alle Hausgenossen prophezeiten mir eine Lungenentzündung, ja, sogar den sicheren Tod. Ich habe nicht einmal einen Schnupfen von diesem „Bad" zurückbehalten – vielleicht war der heiße Rum und die fürsorglich genossene Menge davon die richtige Medizin.

Den Fußsack konnte ich jedoch in der Rinne nicht mehr finden, obwohl ich mehrfach nach ihm suchte.

Später bekam ich von meinen Eltern ein Paar prächtige, hüfthohe Pelzstiefel geschenkt. Sie waren ein vollwertiger Ersatz für die etwas mißlungene Kürschnerarbeit meiner Mutter.

Daß nicht nur die großen Ereignisse ihre Schatten vorauswerfen, sollte ich auch erfahren.

Der Diener hatte mich gleich bei meiner Heimkehr aus dem Revier abgefaßt: „Gut, daß Sie kommen. Die Gnädige hat schon mehrmals nach Ihnen gefragt. Sie wartet im Wintergarten."

Als ich eintrat, legte sie ihre Stickerei beiseite und stand auf: „Na endlich! Vorhin war Herr Müller hier und meinte, daß die fünf Schlachtschweine fürs Haus unbedingt geschlachtet werden müßten. Die Buchten werden gebraucht. Es ist daher zu dumm, daß wir Ihre beiden letzten Stücke Rotwild vor einigen Tagen abgegeben haben. Jetzt ist die Frage, woher ich so schnell ein Stück bekomme, das für die Wurst gebraucht wird. Sehen Sie also zu, daß Sie es bald schießen, zumal es auch noch gut auskühlen muß."

Ich versprach, mein möglichstes zu tun.

Am Nachmittag durchpirschte ich alle die Stangenhölzer und Bestände, wo Rotwild stehen konnte – nichts –, kein Haar bekam ich zu Gesicht. Bis zur Dunkelheit saß ich am Feldrand an. Außer Rehwild kam dort auch weiter nichts. Doch dann auf dem Heimweg –! Da ich mich der Dunkelheit wegen langsam vorantastete, vernahm ich das leise Plätschern und Knacken im Bruch links vor mir und verhielt; jetzt sechs, acht laute Platscher nacheinander im Bach – das Rudel war zum Feld unterwegs.

Müßig zu rätseln, woher das Wild kam und wo es gesteckt hatte. Wichtiger war für mich, wo es morgen früh beim Rückwechseln kommen würde.

Alle drei Posten, wo dies der Fall sein konnte, waren gleich gut. Ohne groß zu orakeln, entschied ich mich für den „Hochsitz", da ich dort guten Wind haben würde.

Es war noch dunkel, als ich mich am andern Morgen aufatmend auf meiner Sitzbank zurücklehnte. Es war nicht nur eine dunkle, sondern auch eine stille Nacht. Der Wind war eingeschlafen, und auf den beiden vereisten Seen herrschte Ruhe.

Diese Stille wurde wie durch einen Knall unterbrochen, als links von mir ein Ast laut knackte; dann rauschten Schilf und Rohr, und ab und zu brach morsches Eis. Die einzelne Sau zog fast unter meinem Sitz durch und war wenig später verschwunden. Das war also wieder einer dieser vorsichtigen Nachtwanderer!

Mählich wurde es grau, und jetzt änderte sich auch die Sachlage vor mir. Dort rauschte und brach knackend das Rohr, und schon zogen fünf Stücke Kahlwild über die freigemähte Blöße – sie mußten mir rechts auf der breiten Schußschneise kommen; und sie kamen. Ein Tier mit Kalb hatte schon fast den anderen Rand erreicht, als das nächste Stück erst erschien. Ich hatte angebackt und war, mehr gefühlsmäßig als bereits genau zielend, auf ihm – da fiel es unerwartet in Troll. Mitschwingend blieb ich auf ihm – Schuß!

Augenblicke später war alles still.

Auf dem Anschuß fand ich nichts – kein Schnitthaar, keinen Schweiß – gar nichts. Nachdem ich über zehn Minuten lang erfolglos gesucht hatte und den Fluchtfährten weit gefolgt war, ging ich auf die Schneise zurück. War es denn auch tatsächlich der Anschuß gewesen, auf dem ich so lange herumgekrochen war? Ja, hier waren die Eingriffe! Ich blickte noch einmal zum Hochsitz hinauf – dann konnte ich wirklich beruhigt nach Hause ziehen. Ausgerechnet in der einzigen Kiefer, die auf der Schneise stand, hatte meine Kugel an der Seite eine tiefe Furche gerissen. Ich hatte den Kugelfang beim Schuß nicht gesehen. Dafür wußte ich jetzt, wie es den öfter zitierten Lohgerbern zumute gewesen war.

Als ich nach drei Tagen keinen Erfolg melden konnte, ließ mich die vermutlich „tief beunruhigte" Chefin erneut kommen.

„Ich sehe schon, daß Sie das Stück nicht bekommen. Es wird also nach vielen Jahren das erste Mal sein, daß ich statt Wildbret Rindfleisch für die Wurst nehmen muß. Weshalb drücken Sie eigentlich nicht? Die ganze Welt behauptet doch, daß überall Rotwild stehe. Wenn dabei ein Hirsch vorkommen sollte, können Sie ihn ja auch schießen, obwohl mir ein Stück Kahlwild lieber wäre."

Die „ganze Welt" war sicherlich nur der Kutscher, der zweimal in der Woche das Wildfutter fuhr und verteilte. Aber schön, versuchen wir es also mit Drücken!

Am zeitigen Nachmittag stand ich daher auf dem „Eisweg", während sich die anderen Schützen auf den Hauptwechseln anstellten. Drei Treiber gingen in der „Mühlenschonung" an, dann sollte der „Keil" und anschließend noch der „Schwedenberg" genommen werden.

Mein Stand war recht gut und lag auf der Front der „Mühlenschonung", später auf dem Rückwechsel bei den anderen Dickungen. Der Weg schien mir zwar reichlich schmal für einen Schuß, doch hatte es bei Rotwild hier schon öfter geklappt.

Ich hatte bereits eine ganze Zeitlang lauschend gestanden, als ich rechts von mir ein leises Geräusch zu hören vermeinte. Anstatt mich sofort nach dorthin umzudrehen, stand ich weiter horchend. Stille – nichts war zu hören.

Urplötzlich stand jedoch, und nur dreißig Schritte entfernt, ein graubrauner Hirsch mit einem starken, dunklen Kragen mitten im Weg. Statt jetzt sofort in der Drehung anzubacken und dann gleich zu schießen, drehte ich mich langsam nach rechts herum, stach auch noch und hatte nun erst das Blatt – da fiel rechts von mir ein Schuß. Weg war der Geweihte und ward auch nicht mehr gesehen. „Roß" war noch das Mildeste, womit ich mich selbst titulierte, und ich konnte mich nur wundern, daß ich den Schuß noch zurückhalten konnte.

Reineke, dem die wohlgemeinte Kugel meines Nachbarn gegolten hatte, war auch gesund und munter geblieben, so daß unser Bemühen, der traditionellen Wurstmischung wegen, fortgesetzt werden mußte.

Anderntags drückten wir also den „Brandberg", der mehrere hundert Morgen Altkiefern umfaßte, die überall mit Wacholder dicht unterstanden waren.

Drei Schützen hatten Hochstände bezogen, der letzte stand bei der „Brandfläche", die an den „Alten Kahlschlag" angrenzte. Wieder sollten drei Treiber den Unterwuchs durchgehen, ohne dabei viel auf Richtung und Ziel achten zu müssen.

Mein Hochsitz – wirklich ein hoher Sitz von neun Metern – stand am Rande des „Hirschgrundes", und ich konnte von ihm weit in die Kiefern hineinschauen. Daher sah ich auch den Treiber, der sich, noch weit von mir ab, langsam durch die Wacholder auf mich zu schlängelte. Er hatte fast die Senke vor mir erreicht, als er zurücklief und dann mit ausgebreiteten Armen rufend hin und her sprang. Tatsächlich konnte er so das Rotwild zurückbringen, das neben ihm ausbrechen wollte. Das Wild kam jetzt mäßig schnell in langer Kette auseinandergezogen breit an mir vorbei. Auf einer Lücke bekam ich ein Stück frei – Schuß – und vorbei. Sofort hatte ich nachgeladen, hatte dasselbe Schmaltier, das nun auf einer anderen Lücke verhoffte, wieder frei – nochmals Schuß – und abermals vorbei, denn es ging mit den anderen Stücken zusammen ab. Das Leittier schlug nach dem letzten Schuß einen Bogen und hielt auf den Weg zu, auf dem ich gekommen war. Dicht vor dem Weg fiel es in Troll und verhoffte auf ihm. Wieder war ich fertig, hatte jetzt gestochen und die Ellenbogen auf der Brüstung aufgestützt; als ich das Blatt des nachfolgenden Kalbes frei hatte, schoß ich. Wieder vorbei, denn es folgte, ohne zu zeichnen, dem Leittier. Der Rest des Rudels überfiel mit weiten Fluchten den Weg. Weit hinten in den Kiefern konnte ich sie zählen – es waren 13 Stücke.

Natürlich die Dreizehn!

Das war doch kaum zu fassen. Sehr eingehend untersuchte ich das Klappvisier und das Korn; es schien alles in Ordnung zu sein. Na so was. Da würde die Mamsell dieses Mal wirklich eine andere Wurstmischung zusammenstellen müssen.

Domm – Domm . . . Beide Schüsse waren in Richtung der Brandfläche gefallen, vermutlich nach den bisherigen Erfahrungen auch Fehlschüsse!

Mein treibender Helfer stand immer noch dort, wo er das Wild aufgehalten hatte. Ich wies ihn durch Winken auf den ersten Anschuß ein, den ich mir natürlich auch gemerkt hatte. Er verschwand hinter dem Aufwuchs, kam zurück und deutete mit der Linken in die Büsche; seine Rechte ging mehrmals zur Erde. Nanu, lag das Stück etwa doch?

Beim zweiten Anschuß war es ähnlich. Auch das zweite Stück lag.

Als ich die Kiefer erreicht hatte, vor der das Rudel den Weg überfiel, erblickte ich unter Wacholdern die Keulen des Kalbes. Es war nur wenige Fluchten gegangen.

Das hatte ich nicht erwartet, denn keins der Stücke hatte gezeichnet, und bei keinem hatte ich Kugelschlag gehört. Ich war längst mit der roten Arbeit fertig und rauchte bereits die dritte Zigarette, als endlich die anderen Jäger kamen. Müller strahlend, die übrigen anscheinend auch ganz zufrieden. Ihm waren über die Brandfläche weg neun Stück Wild gekommen, wobei er ein Alttier und dessen Kalb strecken konnte.

Meine Chefin nahm meine Darstellungen in der Küche mit sichtlicher Befriedigung entgegen. Sofort fuhr sie resolut herum: „Mamsell, es wird jetzt also endlich am Dienstag geschlachtet. Ein Schmaltier und ein Kalb bleiben hier", dann, wieder eine Wendung auf mich zu, „sehen Sie, wie recht ich mit meiner Ansicht und mit meinem Vorschlag hatte."

Der häusliche Friede war somit wiederhergestellt, denn einige Tage später hingen die wohlgelungenen Würste im Rauch, und sämtliche Pökelfässer waren randvoll.

Dramatische Minuten vergingen bis zum „Sau tot!"

Rauschende Keiler – nur wenigen ist solch ein Anblick vergönnt

Der abgeschlagene Basse sucht sein Heil in der Flucht

Dieser beschauliche Zustand war leider nicht von Dauer, denn kurz darauf wurde er jäh und in geradezu turbulenter Art unterbrochen. Ich weiß nicht, welches Geräusch mich an jenem Sonntagmorgen aufschreckte. Jedenfalls fuhr ich in meinem Bett hoch und lauschte. Ja, da hörte ich es wieder! Es kam von nebenan. Nanu, im Nachbarzimmer brannte ja Licht! Mit einem Satz war ich aus dem Bett, hatte meine Mauser in der Hand und stand an der Tür. Langsam öffnete ich sie einen Spalt weit – mir blieb die Luft weg.

Im Türrahmen lehnte Inge, eine der beiden Kochlehrlinge. Daß sie da war, erschütterte mich nicht. Dagegen um so mehr ihr Aussehen, denn sie blickte mich aus weit aufgerissenen Augen entsetzt und stumm an. Außerdem hatte sie so gut wie gar nichts an. Als ich den „Küchengeist" am Arm rüttelte, sie sah wirklich wie ein Geist aus, flüsterte sie nur: „Einbrecher, unten –", dann verdrehte sie die Augen und rutschte langsam an der Türfüllung runter. Peng – da lag sie! Das hatte mir gerade noch gefehlt.

Ich schleppte sie zum Sofa, deckte sie zu und fuhr in meine Kleider; dann sauste ich die Treppe hinunter. Sieben blasse Gesichter drehten sich mir zu, als ich wie eine Rakete in der Diele landete. Nur Friedrich, der Diener, war ordentlich angezogen. Er stand abseits, während sich fünf erschrockene Mädchen, ebenfalls noch in ihren Nachtgewändern, dicht um meine Chefin gedrängt hatten.

Diese war es auch, die als erste die Sprache wiederfand: „Gott sei Dank, daß Sie da sind! Schauen Sie sich bloß die erbärmliche Schweinerei dort drinnen an."

Die Eßzimmertür war angelehnt; im Raum brannte Licht. Friedrich stieß sie zuvorkommend auf, und ich trat ein.

So etwas war doch wohl nicht möglich!

Mitten auf dem blendend weißen Fries des Tisches lag, nun, man kann es in der Jägersprache leicht aussprechen – ein Haufen menschlicher Losung.

Während ich die blamable Angelegenheit benommen anstarrte, zupfte mich der Diener am Ärmel und raunte: „Das ganze Silber hier ist gestohlen worden. Nicht ein Löffel ist dageblieben, und aus dem Saal nebenan sind die andern großen Silbersachen ebenfalls verschwunden. Die Gnädige weiß es noch gar nicht, und ich will es ihr auch nicht sagen."

Sakra, das war was!

Ich stieß die ebenfalls nur angelehnte Tür zur Halle auf und machte Licht – die Türen des Gewehrschrankes standen auch hier weit auf. Mit einem Blick stellte ich fest, daß jedoch alle Waffen, Jagdgläser und sogar ein wertvoller Revolver noch vorhanden waren. Wenigstens ein schwacher Trost!

Die Chefin vernahm meine Hiobsbotschaft wohl noch sehr blaß, aber immerhin doch etwas gefaßt. Plötzlich stieß sie einen kleinen Schrei aus: „Mein Schmuck!" Sie flatterte los und kam Sekunden später mit der Kassette aus dem Arbeitszimmer zurück. Man hatte sie dort entweder nicht gefunden oder übersehen.

Mit dem Tagesgrauen kam auch die Polizei. Sie suchte nach Spuren und Fingerabdrücken und erklärte die üble Hinterlassenschaft auf dem Tisch als nichts Außergewöhnliches. Besonders dann nicht, wenn sich ein diebischer Raubzug besonders gelohnt hatte. Daß dieser lohnend genug gewesen war, wußten wir alle schließlich auch. Viel mehr fand sie nicht heraus. Genau so wenig wie der Polizeihund, der dreimal in verschiedenen Richtungen suchte.

Als schließlich wieder Ruhe eingekehrt war, ließ sich meine Prinzipalin erschöpft in einen Sessel sinken. Friedrich brachte aus dem Keller eine Flasche Kognak, da die Einbrecher den Vorrat aus dem Eßzimmer mitgenommen hatten.

„Woher ich bei den jetzigen Preisen und Verhältnissen neues Silber bekommen soll, weiß ich noch nicht. Eins weiß ich aber bestimmt – die Gewehre dürfen auf keinen Fall in dem Schrank dort bleiben. Mir wird allein schon bei dem Gedanken übel, daß mit ihnen jemand von uns erschossen werden könnte. Es ist das sicherste, wenn Sie sie zu sich ins Zimmer nehmen. Was Sie gebrauchen können, behalten Sie auch am besten. Nur die Zielfernrohrbüchse und die Doppelflinte möchte ich behalten, für die Gäste."

So wurde ich Besitzer und Hüter einer umfangreichen Waffensammlung.

Natürlich war der dreiste Einbruch lange Zeit Gegenstand aller

Gespräche und zahlreicher Vermutungen. Auf meinen Vorschlag wurde ein Nachtwächter eingestellt und Türen sowie alle erreichbaren Fenster erhielten eine Alarmanlage. Sie erwies sich allerdings als eine Art Bumerang, denn x-mal wurde ich in der Folgezeit durch Fehlalarme aus dem Bett gescheucht. Nur die „blasse Inge", ich hatte sie so benamst, war mir gegenüber eine Zeitlang etwas scheu und zurückhaltend, da sie, wie sie meinte, „damals wohl eine recht komische Figur abgegeben habe." Na ja, wie man's nimmt.

Doch die Zeit heilte alles. Neues Silber wurde beschafft, der Nachtwächter war auf dem Posten und gab dem größten Teil der weiblichen Hausbewohner ihre ungestörte Nachtruhe, sogar die Klingelanlage funktionierte.

Ich hatte in Belgard meine Hilfsförsterprüfung mit gutem Erfolg bestanden – kurz –, alles war in „Butter".

Meine Chefin ließ mich eines Tages zu sich kommen, da sie sich mit Reiseplänen beschäftigte. Sie erwartete mich in der Halle, wo sie die Post sichtete. Dann deutete sie auf einen Sessel und schob mir den Zigarettenkasten zu.

„Nehmen Sie Platz und bedienen Sie sich, bitte. Bevor ich nach Meran abreise, möchte ich mit Ihnen verschiedene Dinge besprechen. Wie ich bereits andeutete, bin ich mit Herrn Barnekow, dem neuen Gutsverwalter, sehr zufrieden. Deshalb habe ich ihm einen Bock und später auch einen Hirsch freigegeben, die er unter Ihrer Führung schießen soll. Setzen Sie sich bitte mit ihm ins Benehmen."

Wir besprachen anschließend noch einige Wirtschaftsfragen, und dann wünschte ich meiner Chefin beim Abschied eine angenehme Reise und gute Erholung.

Einige Tage später suchte ich Barnekow in seiner Junggesellenwohnung auf und kam unter anderem auf den ihm freigegebenen Bock zu sprechen.

„Ich nehme an, daß Sie einen Jagdschein und Büchse besitzen und auch bereits einige Erfahrung bei der Jagd auf Schalenwild haben?"

Barnekow, der während unserer Unterhaltung mit seinem Glase gespielt hatte, wurde munter.

„Ich habe eine Jagdkarte und eine Büchsflinte, die ich von meinem Onkel geerbt habe. Allerdings befindet sie sich zu Hause, doch kann ich sie mir sofort schicken lassen. Einen Bock oder gar einen Hirsch habe ich dagegen noch nicht gestreckt. Vor meiner Militärzeit habe ich daheim nur immer auf Hühner und Hasen, vornehmlich aber auf Enten jagen können, und nachher mußte ich notgedrungen umsatteln und hatte überhaupt keine Zeit mehr für die Jagd übrig. Einen Bock werde ich aber trotzdem wohl noch treffen können."

Das schien mir auch so, und wir verabredeten bereits jetzt alles für die erste Pirschfahrt.

Einige Wochen später, es war Ende Juni, holte ihn der alte Kutscher Hermann mit dem Pirschwagen ab und nahm mich danach auf. Ich gab die Pirschroute an und befaßte mich dann mit der Büchsflinte des Gastes, einem Teschnerfabrikat. Sie hatte eine Flügelsicherung, war reichlich schwer, sah aber gediegen aus. Das Kugelkaliber 11,15 würde später auch für den Hirsch ausreichen. Mein Begleiter sollte einen guten, abnormen Bock schießen, dessen Widdergehörn es auch mir angetan hatte. Er stand in dem verwachsenen Torfmoor und glänzte meistens durch Abwesenheit. Erst in der letzten Zeit hatte ich ihn mehrmals mit seinem Schmalreh am Rande des Moores äsend wiedergesehen.

Wir äugten von der erhöhten „Kuhdrift" das ganze Vorgelände und einige niedrige Rohrpartien des alten Torfstiches ab – der Bock und das Schmalreh waren nicht da. Erst als wir später die Weide nochmals im Schritt durchfuhren, stand das Schmalreh äsend in einer Wiese. Es nahm kaum den Kopf hoch. Wir waren bereits an dem Stück vorbei, als ich rückblickend den Bock auf einer Lücke im Rohr sitzen sah.

Wir ließen den Wagen wenden, glitten beide vom Wagen, gingen einige Schritte neben ihm her und waren bald hinter einem buschigen Weißdorn in Deckung. Der Kutscher sollte uns später dort abholen. Abermals hatte das Schmalreh von dem klappernden Pirschwagen fast keine Notiz genommen.

Barnekow hatte geladen, und wir lagen hinter dem Busch auf dem Bauch und warteten. Es dauerte jedoch noch eine Weile, bevor der Bock hoch wurde. Schließlich tat er uns den Gefallen, wobei er sich reckte und streckte. Langsam zog er in die Wiese. Ich betrachtete verstohlen meinen Nachbarn, der den Bock durch sein Marineglas beäugte – sein Gesicht hatte einen gespannten Ausdruck angenommen.

„Donnerwetter, das ist ja ein ganz komisch verdrehtes Gehörn. Den Bock möchte ich allerdings sehr gern schießen."

Wir rutschten daher um den Dornbusch herum. Beide Stücke hatten nicht aufgeworfen und waren etwas über hundert Meter von uns entfernt.

Mein Begleiter hatte seinen Krückstock mit dem obligaten Distelstecher vor sich in der Erde gesteckt, stützte beide Ellenbogen auf die Knie auf und ging in Anschlag. Militärisch vorschriftsmäßig atmete er hörbar aus – dann fiel der Schuß. Dröhnend hallte der Knall durch die Abendstille, einige Enten strichen aus dem Moor paakend ab.

Der Bock und das Schmalreh machten einige Fluchten, verhofften, und waren wenig später im deckenden Rohr verschwunden. Die Bühne war leer.

„Was war das?" Barnekow starrte, die Waffe immer noch halb im Anschlag, dorthin, wo beide ohne sonderliche Eile verschwunden waren.

„Das war, wie man es in solchen Fällen nennt, ein Fehlschuß. Ein Schuß in die friedliche Natur."

Trotzdem untersuchten wir den Anschuß genau und fanden nichts. Auf der Heimfahrt war Barnekow immer noch geknickt und entsprechend schweigsam.

Einige Tage später setzten wir uns beizeiten vor dem Dornbusch an. Wir saßen gut gedeckt hinter Ebereschenästen, die wir vor uns eingesteckt hatten. Es war ein friedlicher Abend. Zwei Fischreiher zogen in größeren Zeitabständen mit rauhem Schrei über das Moorgelände dahin. Sonst tat sich weiter nichts. Sogar die Mücken benahmen sich manierlich.

Die Sonne war gerade gesunken, als sich die Lage änderte. Zuerst erschien dieses Mal der Bock und etwas später das Schmalreh. Beide ästen fast auf der gleichen Stelle wie am ersten Abend. Barnekow schaute sich eine Weile den Bock durch sein gutes Glas an und schnaufte dabei befriedigt; dann ging er in der alten Art in Anschlag. Als der Schuß gefallen war, sprangen beide Rehe ab und waren wieder im Dichten.

Abermals vorbeigeschossen!

Entgeistert blickte Barnekow zuerst in die Fluchtrichtung, dann mich und schließlich seine Waffe an. Danach murmelte er etwas vor sich hin. Wir fanden auch diesmal am Anschuß natürlich keine Zeichen. Und wieder wurde es eine schweigsame Heimfahrt. Bevor wir uns trennten, verabredeten wir für den kommenden Sonntag das nächste Unternehmen.

Kaum hatten wir uns begrüßt, als Barnekow die Unterhaltung mit einer Bitte eröffnete.

„Herr Hoffmann, ich möchte es heute abend nicht noch einmal mit dem Bock am Torfmoor versuchen. Der Bock ist anscheinend kugelfest, und ich will mich nur ungern zum dritten Male als Schlumpschütze produzieren. Sie kennen doch sicherlich noch einen anderen Bock, mit dem es vielleicht besser klappt. Vorausgesetzt, daß es ihnen recht ist. "

Ich überlegte.

„Gut, einverstanden. Wir setzen uns später auf einen Hochsitz, von dem aus ich vor einiger Zeit morgens einen ebenfalls guten, allerdings bereits zurückgesetzten Bock beobachtet habe. Den können Sie schießen, und über die Krone werden Sie sich sicher auch freuen. Jetzt fahren wir aber zuerst zu unserem Schießstand, und Sie schießen dort auf eine Scheibe."

Der Schuß des Inspektors traf nicht einmal die Scheibe, geschweige denn ins Schwarze. Da er nur noch drei Kugelpatronen besaß, mußten weitere Probeschüsse unterbleiben.

„Jetzt bin ich aufgeschmissen. Was machen wir nun?"

„Wir machen gar nichts, denn Sie nehmen diese Büchse, mit der Sie durch das Zielfernrohr jedem Karnickel auf hundert Meter den Kopf abschießen könnten."

Von der hohen Kanzel hatten wir einen weiten Ausblick über den großen Kleeschlag, der zwischen Roggenbreiten eingebettet lag. Sie stand am Rande eines Buchenaltholzes. Weit weg ästen bereits drei Stücke Rehwild, und außerdem stelzte dort ein Storch umher, der es heute anscheinend auf Mäuse abgesehen hatte.

Plötzlich stand der ungerade Sechserbock am Rande des Roggens, äugte kurz in die Gegend und zog dann langsam äsend am Getreide entlang. Wieder hatte ihn mein Begleiter eingehend beäugt, und abermals schnaufte er zufrieden. Der Bock zog schräg von uns fort in den Klee hinein. Er war nun etwa hundertzwanzig Meter von uns entfernt und vierzig Gänge vom Roggen ab. Als er sich langsam breit drehte, klickte der Stecher. Er verhoffte, der Schuß brach.

Der Bock lag im Feuer.

Ich hatte ihn durchs Glas betrachtet, sah, daß er das Haupt hob und sich schlegelnd mit den Hinterläufen nach vorn schnellen wollte.

Gekrellt!

Mit einem Griff hatte ich die von mir selbst geladene Büchsflinte ergriffen, sah, daß Barnekow wieder schußbereit war, und schon war ich vom Hochsitz herunter. Mit langen Sätzen eilte ich zum Bock, legte die Waffe in den Klee, dann hatte ich ihn beim Gehörn gefaßt und fing den Klagenden hinter dem Blatt ab.

Ich war dabei auf das Knie niedergegangen, saß so tief gebückt und wollte aufstehen, als ich seitlich von mir eine Bewegung wahrnahm und aufschaute.

Neben mir stand auf zwanzig Schritte – eine Sau. Sie hatte beide Teller hochgestellt und äugte mich an. Unwillkürlich sank ich zusammen und wollte nach der Büchsflinte greifen. Die lag aber fünf Meter hinter mir. Mir wurde es erst heiß und dann kalt.

Der Keiler stand unbeweglich. Hinter mir lag außer Reichweite die fremde, schlecht schießende Waffe, und oben auf dem Sitz saß mein Begleiter mit der Büchse und war vermutlich eingeschlafen. Es war eine Lage, in der ich vor Freude am liebsten in die Hände geklatscht hätte.

Der Schwarzkittel gab jetzt sein Statuendasein auf, blies, und trollte dann in einem großen Bogen nach links um mich herum in den Klee hinein.

Schuß! Barnekow war also doch nicht eingeschlafen.

In langen Fluchten brauste die Sau dahin, indes ich die fragwürdige Büchsflinte ergriff und entsicherte.

Wieder fiel oben vom Stand her ein Schuß.

Ich kam auf den Keiler, der immer noch sechzig Gänge vom Waldrand entfernt war und schräg von mir weg flüchtete, gut ab. Im Schuß rutschte er, beide Hinterläufe nachschleppend, zusammen, kam unbeholfen wieder hoch und auf die Läufe und verschwand, viel langsamer geworden, im Holz.

So ein genußsüchtiger Bursche! Der hatte bestimmt schon öfter Rehwildbret zu sich genommen; er mußte dicht am Rand des Getreides gesessen haben und wollte sich an dem klagenden Bock gütlich tun.

Was war aber mit der Büchsflinte los, mit der ihr jetziger Besitzer nicht eine der drei verschossenen Kugeln ins Ziel gebracht hatte?

Ich zog den Bock unter den Hochsitz und kletterte die Leiter hinauf. Vor Schrecken wäre ich fast von den Sprossen abgerutscht, als ich Barnekow sah. Er hielt sich ein durchblutetes Taschentuch vor das rechte Auge und blickte mich aus dem anderen düster an. Das Zielfernrohr hatte ihm einen tiefen Halbmond in und dicht über die Augenbraue geschlagen.

Nachdem ich ihn mit meinem Reservetaschentuch notdürftig verbunden und er einen gewaltigen Zug aus der Hüftflasche genommen hatte, war er bei einer Zigarette wieder einigermaßen beisammen.

Dann erzählte er: „Als der Bock klagte, kam der Keiler aus dem Roggen heraus und im Troll auf Sie zu. Schon dachte ich, jetzt passiert was, da verhoffte er jedoch. Ich hätte schießen können, konnte es aber doch noch nicht, da Sie genau unterhalb der Schußlinie standen. Erst als er den Bogen drehte und weit genug von Ihnen entfernt war, schoß ich. Ich merkte sofort, daß ich das flüchtige Stück durch das Glas nicht bezielen konnte. Daher wollte ich ihn unter dem Zielfernrohr durch anvisieren, hatte gestochen, aber noch nicht richtig angebackt, da ging mir der zweite Schuß auch schon los. Im ersten Augenblick dachte ich, das Ding wäre nach hinten losgegangen, so einen Schlag bekam ich. Es freut mich jetzt nur, daß er wenigstens Ihre Kugel bekommen hat, noch dazu aus meiner Flinte, die bisher bei mir um drei Ecken schoß."

Wir genehmigten uns noch eine Zigarette, und dann brach ich

den Bock auf. Als ich die rote Arbeit beendet hatte, schreckte in den Buchen ein Reh, das entweder auf den Keiler gestoßen oder in dessen Wind gekommen war.

Zu Hause bestrich ich die Wunde mit Jod, wobei mein Patient vernehmlich mit den Zähnen knirschte. Während er zum Arzt fuhr, der den Riß klammerte, begab ich mich mit dem zweiten Kutscher und meinem Stichelhaarrüden zum Hochsitz.

„Heiko" fand den verendeten Keiler dort, wo das Reh geschreckt hatte.

Der Beschossene war noch − oder nur − etwa 160 Schritte gegangen. Die Kugel hatte den Weidsack und die Leber gefaßt und war kurz vor der Kammer heraus. Es war ein vierjähriger Keiler.

Am nächsten Tag verschoß ich die beiden letzten Patronen auf die Scheibe. Die erste Kugel saß leidlich gut, die letzte ging wieder in die „friedliche Natur". Wahrscheinlich waren alle Kugeln uralt, denn mit frischen Patronen schoß das Gewehr später hervorragend. − Einige Wochen darauf trafen wir uns bei Barnekow wieder. Seine recht gute Trophäe hing blendendweiß über dem Schreibtisch. Mein Gastgeber deutete auf die Krone: „Dort hängt also mein Bock und hier", er tippte auf seine Braue, „habe ich den Halbmond. Aber hier", er holte eine Schachtel, „habe ich beides."

Es war eine goldene Krawattennadel. In einer liegenden Mondsichel stand genau in der Sichelmitte ein wunderbar gelungener Rehbock. „Die Nadel hat meine Braut anfertigen lassen und mir als Erinnerung an den ersten Bock verehrt. Auch deswegen, damit ich künftig beim Schießen nicht wieder zu dicht mit der Nase an ein Fernrohr herangehe." Er lachte.

Es war ein sehr sinniges und treffendes Geschenk.

Meine Chefin meinte nach ihrer Rückkehr: „Ich hätte niemals gedacht, daß ein Fernglas eine so böse Verletzung hervorrufen kann."

Nun, diese harmlose Meinung haben alle diejenigen bestimmt nicht, die derartig mit einem Zielfernrohr in nähere Berührung gekommen sind; und das dürften gar nicht so wenige sein.

Der Sommer verging, und die hohe Zeit der Hirsche kam. Der

Träger des Halbmondbockes hatte sich verschiedentlich auf dem ihm freigegebenen Geweihten versucht, ohne jedoch zu Schuß zu kommen. Wir besuchten uns in den folgenden Monaten umschichtig, wobei wir mancher Flasche den Hals brachen. Bei seinem letzten Besuch kam er mir mächtig trübsinnig und zerfahren vor, da er dauernd an seiner lädierten Braue herumstrich. Er schien Sorgen zu haben. So war es auch tatsächlich, wenngleich diese kaum ernsterer Art waren. Er hatte nämlich eine Einladung zu einer Abendgesellschaft angenommen. Nun war aber der Schlüssel zum Kornboden vom Schlüsselbrett verschwunden. Seiner Annahme, man würde jetzt, besonders aber während seiner Abwesenheit in der kommenden Nacht, dem wohlgefüllten Speicher einen Besuch abstatten, konnte auch ich mich nicht verschließen.

Barnekow war daher erfreut, als ich ihm zusagte, mich in der kommenden Nacht um die gefährdete Kornkammer kümmern zu wollen, zumal Diebstähle von Korn wieder vorgekommen waren. Morgen sollte ein neues Schloß in die Tür eingebaut werden.

Als er am späten Nachmittag im Frack und Claque im Schlitten den Gutshof verließ, sah ich ihm vom Fenster seiner Wohnung wenig begeistert und gedankenvoll nach – so war nun einmal die Welt: Er fuhr lukullischen Genüssen und Festesfreuden entgegen, während ich eine Nacht mit kalten Füßen, Unannehmlichkeiten und wer weiß sonst noch was vor mir hatte.

Als ich die warme Wohnung verließ, war ich für die Nachtstunden zwar bestens gerüstet, aber wenig erbaut von dem, was mir bevorstand.

Um den ganzen Hof übersehen zu können, hatten wir eine „Ansitzstelle" ausgewählt, die zwischen aufgebockten, umgestürzten Kartoffelkästen lag. Dort hatte ich beste Deckung und Übersicht über den ganzen Hof. Hinter mir wurde er von Scheunen und dem Schafstall hufeisenförmig abgeschlossen. Direkt vor mir führt eine bei Nacht allerdings wenig begangene Straße nach einem Nachbarort. Ich saß also warm eingepackt zwischen den Kartoffelkästen und wartete, wobei ich genügend Muße hatte, den „stillen Teilhabern" innerlich allerlei Unheil zu wünschen. Einigermaßen wurde ich durch die wundervolle Mondnacht bei blendendem Schnee entschädigt, die ich aber lieber anderswo verbracht hätte.

Um 20 Uhr tauchte schnaufend, holzpantinenklappernd und in Selbstgespräche vertieft, der alte Nachtwächter auf, der seinen bissigen Hund an einer langen Kette mitführte. Als letzterer von mir Wind bekam, blieb er knurrend stehen, worauf „Oll Willem" kettenruckend „komm, lot dei Katt" murmelte. Sie verschwanden im warmen Kuhstall und wurden von mir bis auf weiteres nicht mehr gesehen.

Die Nacht war so hell, daß ich die Katzen, die den Hof kreuzten, auch ohne Glas gut erkennen konnte. Immer wieder ruhten aber meine Blicke auf dem Drilling, der ungeladen neben mir lehnte, während meine Gedanken zu ähnlichen Nächten zurückwanderten, da er in Aktion getreten war. Der blecherne, schwindsüchtig anmutende Ton der alten Kirchturmuhr riß mich in die Wirklichkeit zurück. 23 Uhr. Der gute Barnekow würde jetzt wohl tanzbeinschwingend in seinem Element sein. Fröstelnd hüllte ich mich fester in die Decken, die er mir mitgegeben hatte. Vom Dorfe schallte verschwommenes Singen der aus dem Gasthof heimkehrenden Burschen zu mir her. Ich kam mir auf meinem Posten plötzlich einsam und, wie mir schien, vollkommen überflüssig vor.

Wieder mal war ich aufgestanden und wollte einige Kniebeugen in meinen Pelzstiefeln machen, als ich zusammenfuhr. Hinter mir erscholl ein lautes, schrilles Kreischen und Fauchen, verklang – war wieder da, erstarb abermals. Ich war aufgefahren und stand lauschend. Beißende Katzen? Doch dann funktionierte das bisher spazierengegangene Hirn wieder: So kreischt keine Katze. Sofort hatte ich den Drilling ergriffen, lud, nahm den Sitzstock und setzte mich am andern Ende des Kastenstapels nieder.

Tiefe Stille umgab mich. Kein Laut war zu hören. Schon wollte ich meinen alten Platz wieder einnehmen, als neues Kreischen erklang und mit Tönen endete, die unverkennbar und markant waren. Besonders für den, der sie öfter gehört hat. Nur so „murkst" ein Marder, der Beute gemacht hat! Viele Male hatte ich sie bei meinen zahmen Mardern gehört, wenn sie sich mit einem Spatzen in ihre „Fraßecke" zurückzogen. Ich war aufgestanden und lauschte mit offenem Mund. Plötzlich ging der Spuk wieder los – genau vor mir, aber anscheinend auf der anderen Scheunendachseite. Fauchen und Kreischen wechselten diesmal mit Keckern ab. Für einen Augenblick tauchte ein schmaler Schatten auf dem First auf – verschwand wieder. Erneutes Kreischen, und dann rollte eine dunkle Kugel über das Strohdach und landete kaum fünfundzwanzig Gänge vor mir auf dem schneefreien Steingang neben der Scheune. Für einen Augenblick herrschte Stille, dem neues Kreischen folgte. Auf das kugelnde Knäuel kam ich gut ab, und donnernd brach sich der Hall meines Schusses an den Mauern der Wirtschaftsgebäude.

In der Nähe des Scheunentores vermeinte ich noch eine Bewegung zu sehen, dann war alles wie vorher. Lange habe ich zu meinem stillen Begleiter und Zuschauer vieler nächtlicher Jagdfahrten am Himmelsdom aufgeschaut und ging schließlich zum Anschuß.

Hier lag zwischen zwei holprigen Kopfsteinen eingeschmiegt ein mittelstarker Baummarderrüde. Dies kam mir kaum glaubhaft vor, so daß ich ihn mit einem brennenden Streichholz noch genau ableuchtete. Es war und blieb ein Gelbkelchen.

Während ich mich noch mit ihm beschäftigte, hörte ich hinter dem verschlossenen Tor einige unbestimmbare Laute. Nach einigem Überlegen packte ich meine Siebensachen zusammen, nahm meine mir unerwartet zugefallene Beute und ging in Barnekows Behausung. Vorher hatte ich noch das Schlüsselloch der Kornbodentür mit einem Strohhalm versehen, um unbefugtes Öffnen kontrollieren zu können.

Dort fand mich der Heimkehrer auf seinem Diwan liegend und wollte mir sofort den Verlauf des Abends brühwarm und sehr begeistert schildern. Ich unterbrach seinen freudevollen Wortschwall aber bald und berichtete ihm meinerseits den Verlauf der letzten Stunden.

Er holte daraufhin den Scheunenschlüssel, nahm noch eine Taschenlampe, und angetan mit Lackschuhen, Frackhosen und Flauschmantel ging er mit, den Fall in der Scheune zu klären.

In der Scheune lag wenige Meter vom Eingang entfernt ein zweiter Marder. Diesmal war es aber ein Steinmarder, ebenfalls ein mittelstarker Rüde.

Barnekow stand später mit reichlich glasigen Lichtern in seiner Wohnung vor den beiden nächtlichen Kontrahenten und sagte lange Zeit kein Wort. Er verglich jetzt scheinbar als Jäger unser Erleben in den vergangenen Stunden. Schließlich holte er eine umfangreiche Buddel, und sein „na, denn Prost" kam neidlos heraus. Staunenswert für ihn war ebenfalls das Auftauchen des Gelbkehlchens, obwohl ich mir bei näherem Nachdenken sagen mußte, daß der benachbarte große Park sein Erscheinen durchaus rechtfertigte. Ich pries den verschwundenen Speicherschlüssel, der sich übrigens am nächsten Tag in einer Joppentasche des Verwalters wiederfand.

Die Prüfungs-„Eins"

Es war seit Jahren üblich, daß nach der Kulturzeit die Neupflanzungen „offiziell" besichtigt wurden. Wir hatten den Kutscher vorausgeschickt und Frau v. Borcke stand oben vor dem „Neuen Kahlschlag" und blickte lange Zeit sinnend über die Kulturfläche. Schließlich wandte sie sich um: „Sagen Sie, Herr Hoffmann, wieviel Hirsche haben Sie eigentlich geschossen?"
Ich brauchte nicht lange zu überlegen: „Zwölf, genau ein Dutzend."
„Und wie viele Sauen?"
Das war schon erheblich schwerer zu sagen: „Etwa sechzig – fünfundsechzig Stücke; genau weiß ich es nicht."
„So genau ist es auch nicht nötig. Ich meine nur, daß Sie hier jagdlich doch recht viel Schönes erlebt haben. Außerdem nehme ich an, daß es Ihnen immer gut gefallen hat. Oder?"
Nanu, worauf wollte meine Chefin bloß hinaus?

„Gnädige Frau, es hat mir nicht nur stets gut gefallen, sondern ich habe hier ja auch eine zweite Heimat gefunden. Daß ich auch noch in sämtlichen jagdlichen Dingen freie Hand habe, weiß ich besonders hoch zu schätzen."

„Wie kommt es dann, daß Sie sich jetzt so plötzlich verändern wollen? Herr v. Medem hat mir jedenfalls neulich erzählt, daß Sie sich mit dieser Absicht tragen. Wenn dem aber so ist, hätten Sie mir wenigstens auch etwas sagen können."

Jetzt war das eingetreten, was ich schon längst befürchtet hatte.

„Herr v. Medem hat vorige Woche lediglich einen Brief gesehen, der an die Leitung der Forstschule in Neuhaldensleben gerichtet war. Ich habe darin allerdings angefragt, ob es für den nächsten Lehrgang noch offene Plätze gibt. Da die Antwort noch aussteht und es außerdem sehr fraglich ist, ob ich im Herbst dort noch ankommen kann, wäre es ungeschickt oder doch verfrüht, jetzt bereits mit meiner Absicht Unruhe zu stiften. Eine andere Veränderung ist nicht beabsichtigt."

Meine Chefin war nun wohl etwas beruhigt, aber noch nicht ganz zufrieden.

„Forstschule? Sie haben vor ein paar Jahren ihre Hilfsförsterprüfung doch auch ohne Schule gut bestanden. Das könnte Ihnen höchstwahrscheinlich ebenso mit Ihrer Försterprüfung gelingen. Oder ist der Forstschulbesuch unbedingt notwendig?"

„Alle Prüfungen können selbstverständlich auch ohne vorherigen Fachschulbesuch abgelegt werden. Ich halte jedoch eine vorschriftsmäßige Berufsausbildung für notwendig, zumal sie bereits von vielen Verwaltungen gefordert wird und Einstellungen sogar davon abhängig gemacht werden."

Nun war die alte Dame zufrieden; sie seufzte.

„Na ja, ich sehe schon, daß Sie sich bereits entschieden haben. Jetzt möchte ich nur, daß Sie wenigstens für dieses Jahr eine Absage erhalten, damit Sie noch länger hierbleiben."

Sie lachte, und damit war auch der alte „Friede" wieder hergestellt.

Ihr Wunsch ging jedoch nicht in Erfüllung, denn aus Neuhaldensleben wurde mir mitgeteilt, daß ich für den nächsten Lehrgang angenommen sei.

Meine Koffer waren gepackt, der Kutscher wartete auf der Rampe, und wieder stand ich der Jagdherrin beim Abschied im Arbeitszimmer gegenüber.

„Ich weiß, daß Sie Ihren Weg machen werden und wünsche Ihnen daher alles Gute! Wir werden ja wohl auch weiterhin in Verbindung bleiben, und wenn Sie Sorgen haben, wissen Sie, an wen Sie sich wenden können. Wenn Sie später", sie deutete zur Halle hin, „einen Hirsch oder Sauen schießen wollen, wissen Sie auch wo."

Ich hatte doch ein reichlich komisches Gefühl um den Brustlatz herum, als ich mich von ihr verabschiedet hatte und die Pferde anzogen.

Während der Osterferien war ich zu Hause und gar nicht erstaunt, daß ich sofort Besuch mehrerer Kollegen bekam. Es wurde viel gelacht und nicht wenig getrunken, bis plötzlich einer fragte: „Hör mal, hättest du nicht Spaß an einem Kurzhaarwelpen, einer Hündin? Sie ist die letzte aus dem Wurf, die Bernuth abgeben will."

Ich überlegte nicht lange und sagte zu. Bereits am nächsten Tag war ich Besitzer der „Bombe – Mauderode", die Jahre hindurch meine unübertroffene, ständige Begleiterin werden sollte.

Während der Schulzeit hatte die forstliche Seite natürlich den Vorrang, während der jagdliche Teil eigentlich nur einmal in der Woche auf den Schießständen des „Schützenhauses" praktisch exerziert wurde. Ein solches Schießen war beendet, ich hatte meine Sachen bereits zusammengepackt, als Oberförster Wurster, der oft mit uns schoß, mich ansprach:

„Herr Hoffmann, ich habe eine Bitte."

„Im voraus selbstverständlich erfüllt, Herr Oberförster. Um was handelt es sich?"

„Ich habe in Bodendorf einen Bock frei, hinter dem ich bis jetzt wer weiß wie oft her war. Ein einziges Mal habe ich ihn in der ganzen Zeit gesehen. Sie haben uns nun verschiedentlich Proben ihrer Blattkunst gegeben, und so dachte ich mir, daß wir es jetzt in der Brunft einmal gemeinsam auf ihn versuchen. Wenn Sie Zeit und Lust hätten, wäre ich Ihnen dankbar."

Bereits am nächsten Tag radelten wir nachmittags nach Bodendorf. Im Forsthaus erfuhren wir, daß der Bock noch lebe, da in der letzten Zeit und in der fraglichen Gegend keiner erlegt wurde; außerdem war der Kollege ortsabwesend.

Da mein Begleiter das Revier kannte, marschierten wir allein los. Der Bock sollte in einer Dickung stehen, an die im Süden eine größere Mittelwaldpartie angrenzte. Hier hatte Wurster ihn das eine Mal auch gesehen. In der Nähe der Dickung verhielt mein Lehrer: „Was schlagen Sie vor?"

„Wir suchen uns eine Stelle, von der aus Sie gutes Schußfeld und guten Wind haben. Ich gehe dann dort tiefer in den Bestand hinein und werde blatten. Sollte der Bock in der Dickung stecken und auf das Blatten hin zustehen, müßte er Ihnen vorher, und vermutlich auch schön breit, kommen. Wenn Sie bei mir blieben, kommt er uns spitz, und Sie könnten bei dem dichten Zeug dort drinnen kaum schießen."

Wir fanden den richtigen Platz für ihn, und er richtete sich ein. Ich pirschte leise in den dichten Unterwuchs und suchte mir zwischen Wurzelanläufen einer Linde einen bequemen Sitz. Zwei Zigaretten rauchte ich dort, dann wischte und blies ich mir die Lippen trocken. Es konnte losgehen!

Durch die Faust verstärkt, mußte mein Blatten auch bis in die Dickung hinein zu vernehmen sein.

Fiep – fiep – fiep – Pause – und wieder viermal dasselbe, doch dann, scharf und gellend – piäh – piäh – und mit kleineren Zwischenräumen noch dreimal das Angstgeschrei. Nachdem ich tief Luft geholt und die Lippen wieder getrocknet hatte, folgte nochmals das Angstgeschrei. Ich hatte bereits zum drittenmal dazu angesetzt – da fiel peitschend ein Schuß.

Drei – vier Minuten mochten vergangen sein, als Wursters lautes: „Bock tot – tot – tot" erschallte.

Ich suchte einen Eichenbruch und schlängelte mich durch das Unterholz auf die Dickung zu, wo mein Oberförster in den Anblick seines Bockes versunken stand. Es fehlte nicht viel, und er hätte mich vor Freude umarmt.

„Sie hatten kaum mit ihrer zweiten Strophe begonnen, da polterte es neben mir am Dickungsrand. Sofort war ich fertig, und schon stand er hier, wo er jetzt liegt. Er äugte in Ihre Richtung

Unverhofft, kommt oft?

Eine Rotte Sauen oder ein starker Keiler – beides freut des Jägers Herz

und lag im Feuer. Menschenskind, das nennt man Blatten und die Lage vorher richtig beurteilen können."

Wir rauchten unsere Pfeifen, und er erzählte dabei von seinen bisherigen Versuchen auf den Gestreckten. Als ich ihn aufgebrochen und im Rucksack verstaut hatte, trat Wurster auf mich zu und hielt mir sein Notizbuch hin.

„Wissen Sie, was das da ist?"

„Das? Das ist eine 1."

„Richtig, und eine solche Eins bekommen Sie von mir bei der Prüfung in Jagdkunde."

Am letzten Prüfungstag stand ich im Kreis anderer Forstschüler, die bereits alle Stationen durchlaufen hatten und wartete. Wartete ungeduldig darauf, daß ich als letzter aufgerufen würde. Ich dachte schon, man habe mich vergessen – doch da wurde ich geholt.

Die ganze Prüfungskommission war versammelt. Oberförster Wurster trat auf mich zu:

„Herr Hoffmann, ich habe soeben den Herren die Erlegung unseres Bockes genau geschildert. Wenn Sie jetzt noch den akustischen Teil ergänzen wollten, wäre sie komplett."

Ich gab eine wohltemperierte, längere Kostprobe und vergaß dabei auch das Keuchen eines treibenden Bockes nicht, worauf der alte Revierförster Wachner meinte: „Na ja, wenn man's so gut kann, ist es verständlich, daß auch der heimlichste Bock darauf reinfällt."

Als wir nachmittags unsrer Stammkneipe zustrebten, trafen wir die Oberförster Irmer und Wurster. „Papa" Irmer tippte mir vor die Brust: „Wissen Sie, wo wir waren?"

„Nein, natürlich nicht."

„Wir kommen vom Goldschmied, wo wir soeben den Ehrenhirschfänger abgegeben haben, da auf ihm ein Name eingraviert werden soll. Dieser Hirschfänger wird Ihnen morgen feierlich übergeben werden. Eigentlich hätte ich es heute noch nicht verraten dürfen, doch glauben wir beide, daß Ihnen jetzt Ihr Glas Bier noch besser schmeckt."

Es ist bei einem Glas nicht geblieben.

Mein „Alter Herr" betrachtete den Hirschfänger später ebenso eingehend wie das Zeugnis: „Meine Hochachtung! Was hat denn das Jahr in Neuhaldensleben eigentlich gekostet?" Ich sagte es ihm, und danach legte er mir zwanzig schöne, neue Hundertmarkscheine auf den Tisch. „Wenn dein Lerneifer von mir auch nur in dieser Form honoriert werden kann, wird sie dir trotzdem nicht ganz unangenehm sein." Nein, gegen „diese Form" hatte ich absolut nichts einzuwenden.

Ein Hund gehört dazu

Einige Wochen später hatte ich mein neues Revier in Braunsforth übernommen und erkletterte eines Abends den „Knarrhochsitz". Der Sitz war nur mit Vorsicht zu betreten, doch hatte man von ihm einen recht guten Ausblick. Er hing etwas windschief und war zwischen Fichten angenagelt. Er bewegte sich bei jedem Windstoß und knarrte und knackte in allen Fugen. Er war wohl richtig benannt, doch fühlte ich auch sofort, daß ich auf ihm bald seekrank werden würde. Der Boden bewegte sich nach rechts und das ohnehin bereits lockere Sitzbrett dagegen bald nach links oder sonst wohin. Da mir diese Schiffschaukel mein Innenleben bald durcheinanderzubringen drohte und ich meinen Drilling nicht mal zu laden wagte, stand ich auf, um abzubaumen.

Genau in diesem Augenblick „marschierten" 17 Sauen aller Kaliber aus dem „Perlgang" heraus und verschwanden in einer Mulde auf dem Feld vor mir. Ohne Rangordnung waren sie angewechselt, und ihr Anblick glich einer Schützenreihe. Als das letzte Stück in der Senke verschwunden war, wollte ich schnellstens herunter und näher heran; doch abermals verhielt ich. Die Nachhut erschien nämlich gerade.

Sie erschien in Gestalt eines Klotzes von einem Keiler, der mit pendelndem Pürzel langsam und bedächtig der Rotte folgte. Der hatte hier gerade noch gefehlt!

Wie schnell ich über die bedenklich schwankende Leiter hinunter gekommen bin, kann ich nicht sagen – jedenfalls aber sehr viel schneller als vorher hinauf. Alles andere war eigentlich ein Kinderspiel. Der Wind war gut, es war noch hell genug, und die Sauen konnten mich von der Mulde aus nicht eräugen. Ich kroch bis fast an deren Rand heran und wartete. Von dort aus konnte ich vorerst von der ganzen schwarzen Gesellschaft nur das obere Drittel des Keilers sehen und mir von dessen Stärke auch gleich das richtige Bild machen, da die drei Bachen der Rotte auch nicht gerade schwach waren. Ich ließ ihn daher nicht mehr aus den Augen, obwohl bereits einige Überläufer auf dem Gegenhang brachen.

Schließlich war die ganze Rotte dort versammelt, der Basse jedoch immer noch nur wenig sichtbar. Erst als die Sauen abzogen, entwickelte er sich allmählich zu voller Größe.

Sapperlot, war das ein Bursche!

Ich quiekte ihn an. Er warf auf und trat breit – raus war die Kugel. Kugelschlag – heller Kugelschlag – und dort, wo der Keiler gestanden hatte, lag nur mehr ein langer, schwarzer Strich. Was ich aber nicht mehr, besser, was ich erst jetzt auch sah, war die Rotte, die genau vor mir auftauchte. Stichgerade kam sie im Pulk auf mich zu. Mit einem Ruck war ich auf den Beinen und sprang zur Seite. Wie ein schwarzes Ungewitter fegten die Sauen so dicht hinter mir vorbei, daß mir einige Erdbrocken um die Ohren flogen.

Das war aber knapp gewesen! Wenn die mich umgerannt hätten . . .

An Schießen hatte ich nicht gedacht. Was hätte ein Schuß schon genutzt? Rein gar nichts, denn eine Rotte hochflüchtiger Sauen kann man mit einem Knall ebensowenig aufhalten, wie eine führerlose Lokomotive mit einer Blendlaterne.

Der achtjährige Keiler lag auf der Einschußseite. Die Kugel saß hochblatt – also hätte ich mit der ersten Sau im neuen Revier sehr zufrieden sein können. Ich war es auch, wenngleich ich nebenbei mit Unbehagen stets an die schwarze Mauer dachte, die da so plötzlich über den Muldenrand weg auf mich zugebraust kam.

Meine Hündin hatte ich inzwischen abgeführt. Sie zeigte und tat alles, was man von ihr nur verlangen konnte. Durch Zufall wurde sie bei einer Nachsuche auf einen krankgeschossenen Fuchs Totverweiserin; später leistete sie darin Hervorragendes. Sie war auch rabiat scharf und ließ Fremde nicht ins Haus. Eines Tages kam mein Chef zu mir, da er Bombe für eine Nachsuche brauchte. Während der Fahrt erzählte Herr v. Wedel, daß er im „Eichholz" unerwartet den hohen Damspießer gesichtet habe, der schon lange auf der Abschußliste stand, aber bisher stets durch Abwesenheit geglänzt hatte. Nach verschiedenen Fahrmanövern kam er an den Hirsch heran, der in einem verfilzten Erlenbruch stehenblieb. Der Spießer hielt eine Weile den Wagen aus, jedoch konnte v. Wedel wegen der deckenden Büsche keine sichere Kugel loswerden. Erst als der Hirsch weiterzog, trug ihm mein Chef aus seiner 7 × 57 die Kugel auf einer Lücke an. Auf dem Anschuß hatten er und der Kutscher etwas Schnitthaar und wenig Schweiß gefunden, dafür aber einen langen Röhrenknochensplitter gefunden. Nun sollte mit Bombe die Nachsuche aufgenommen werden.

Obwohl anzunehmen war, daß der Kranke in dem verwachsenen Bruch steckte und von der sehr schnellen und scharfen Hündin bald gestellt wurde, wies ich meinem Chef einen Stand an, von dem aus er mehrere Wechsel beschießen konnte, falls dort der Spießer durchflüchten sollte.

Der Kutscher brachte mich zum Anschuß, den Bombe verwies. Dann arbeitete ich mit der Hündin am Riemen die Schweißfährte weiter aus, die, wie vorher, wenig Schweiß zeigte.

Inmitten des Bruches gab es einige eingesprengte, dichte Fichtenköpfe. An zwei derartigen Fichtenhorsten waren wir bereits vorbei, als Bombe stehenblieb und nach einem dritten hin den Kopf hochnahm. Für die Schweißfährte hatte sie kein Interesse mehr.

Einige Minuten standen wir so, dann streifte ich ihr die Halsung ab. Mit weiten Sätzen verschwand sie in den Fichten und sofort ging die Hatz ab. Für einen Augenblick sah ich den Spießer und die Hündin durch das Unterholz dahinbrausen – genau auf den

Stand meines Chefs zu. Wenig später fiel dort ein Schuß, dem sofort ein zweiter folgte. Schnell war ich auf dem Wagen, und dann beim Schützen.

Meinem Chef war der Hirsch, dicht gefolgt von der hetzenden Hündin auf einem der Wechsel gekommen. Beide Kugeln gingen jedoch vorn vorbei, da Bombe zu nah aufgerückt war. Hinterher! In scharfem Tempo jagte der Pirschwagen das Gestell hinunter, querte verschiedene Schneisen und verhielt auf einer Anhöhe. Lauschend verhofften wir minutenlang. Nichts war zu hören! Wir fuhren das Gestell vollends aus und kamen zur Grenze. Erneuter Halt. Nichts! Wir bogen nun ins Revier zurück ab, passierten zwei Bachbrücken und hörten dann endlich, weit weg, Standlaut.

Wieder preschten wir los und hatten bald den Ball in einem Bruch vor uns. Nach kurzer Beratung war alles klar – ich sollte den Hirsch angehen und ihm den Fangschuß geben. Geladen, und schon pirschte ich bei gutem Wind in den leider wieder dichten Erlenbestand hinein. Ununterbrochen verbellte Bombe, verschwieg nur, um den Spießer anzuspringen und ihm an die Drossel zu kommen.

Der Hirsch stand denkbar ungünstig – fast spitz zu mir und immer wieder verdeckt. So schlug ich einen Bogen, um ihm von der Seite beizukommen. Mit einem Riesensatz sprang die Hündin ihn jetzt an. Wahrscheinlich hatte sie mich erblickt und war dadurch ermuntert, wurde jedoch von dem ruckartig hochgeworfenen Haupt des Hirsches weit fortgeschleudert. Sie überschlug sich klagend, kam aber sofort wieder auf die Läufe und schnellte erneut den Spießer an. Jetzt hatte sie ihn an der Muffel fest! Trotz aller Befreiungsversuche hielt sie ihn so. Längst war ich schußbereit und nun, da ich die Hündin nicht gefährden konnte, ließ ich fliegen. Im Knall brach der Hirsch zusammen, und immer noch hielt Bombe den schlegelnden Spießer fest. Erst als ich heran war, ließ sie von ihm ab. Dann sank sie langsam auf dem aufgewühlten Moorboden zusammen. So blieb sie hechelnd liegen. Nur die Rute fuhr hin und her, während ihre Augen mich ängstlich anschauten.

Anfangs glaubte ich, sie sei nach der langen Hatz am Ende ihrer

Kraft und streichelte beruhigend ihren Kopf. Dabei redete ich ihr gut zu, worauf sie mühsam aufstand, taumelnd stehen blieb, dann aber wieder umsank. Im gleichen Augenblick fuhr mir ein heißer Schrecken durch die Glieder, da sie jetzt auf der anderen Seite lag. Wie gelähmt starrte ich auf das blaßrosa völlig mit Moorerde und Laub behaftete Gebilde, das ich dicht hinter dem Blatt der Hündin sah.

Die Lunge! Nein, es war, Huberto sei Dank, nur das Brustfell. Nun überstürzten sich die Ereignisse. Drilling weggestellt, den Mantel aus, und schon rief ich den Kutscher zu Hilfe. Keuchend kam er, vorsichtig legten wir Bombe auf den Mantel. Jetzt Wasser her! Mit meinem Hut stürzte er wieder davon und kam bald zurück. Das Wasser war viel zu kalt. Schon die Winterkälte allein konnte der Wunde und dem Hund schaden. Schluck für Schluck ließ ich das im Mund angewärmte Wasser über das Brustfell rieseln. Endlich war dieses und die Umgebung der Wunde sauber. Eine Verletzung des Brustfells selbst war nicht zu sehen. Es saß eingeklemmt zwischen zwei Rippen. Was jetzt? Sollte ich bei der Kälte den Transport zum Tierarzt wagen? Nein, das ging nicht! Also nochmals Selbsthilfe.

Während der Kutscher den Kopf der Hündin beruhigend hielt, drückte ich den Brustkorb kräftig auf den Rücken zu, diesen ebenfalls gegendrückend, zusammen. Schon der erste Versuch gelang. Mit einem leisen Schnalzen verschwand das Brustfell.

Der Transport der in Mäntel und Decken gewickelten Bombe nach Hause verlief reibungslos. Still lag sie auf meinen Knien, während ich jeden Stoß des Wagens abfing, so gut es eben ging. Es war eine schweigsame und trostlose Fahrt.

Der Hirsch wurde von Waldarbeitern und dem Kutscher eingeholt und versorgt. Er hatte 35 cm lange, bösartig genug aussehende Spieße.

Die weitere „Krankenbehandlung" wurde von meiner Frau und mir gemeinsam übernommen. Die Wunde sah jetzt eigentlich harmlos aus. Nachdem sie nochmals gründlich gereinigt war, kam ein mit essigsaurer Tonerde getränkter, dicker Lappen darauf und über diesen ein fester Verband, der aus in Streifen geschnittenen Handtüchern gefertigt war. Dann wurde Bombe in meinen alten Jagdmantel gewickelt und auf ihre Sauschwarte gelegt. Mehrmals wurde der Verband mit lauwarmer Tonerde getränkt. Nach einigen Tagen stellte ich merkwürdig knisternde Geräusche fest, wenn ich die Hündin streichelte. Das ganze Fell war ihr vom Hals bis über die Rippen hinaus von den Vorderläufen des Hirsches losgeschlagen worden, und die durch die Wunde eingedrungene Luft knisterte jetzt unter dem Fell. Erst nach Wochen verloren sich diese „Knistergeräusche".

Bombe fühlte sich bei der Behandlung anscheinend recht wohl, fraß wieder und machte auch bald Gehversuche. Etwa acht Tage nach dem Vorfall hörte ich auf einem Reviergang hinter mir ein Rascheln. Ich drehte mich um und sah Bombe, die sofort „Nieder" machte. Hinter sich her schleppte sie den zum Teil abgewickelten Handtücherverband. Ich entfernte den Rest – völlig verheilt war der lange Schmiß. Wie ein Wirbelwind tobte sie um mich herum; nun war sie erst ganz wiederhergestellt. Nur abends gab sie nicht eher Ruhe, bis sie unter meinem alten Mantel lag. Er war für die „Hundeseele" doch wohl die beste Medizin gewesen.

Üble Folgen waren auch nicht zurückgeblieben. Im Gegenteil! Ihre Schärfe hatte noch zugenommen.

Sie war überhaupt in jeder Beziehung „firm" geworden. Wahrscheinlich besonders dadurch, daß sie dauernd mit mir zusammen oder um mich herum war. Abgesehen davon, daß sie totverwies, besetzte Baue jeder Art zuverlässig vorstand und mit mir sogar Hochsitze erkletterte, war sie eine geradezu ideale Begleiterin auf der Pirsch. Die Hündin verstand dabei jeden Wink und jede Bewegung von mir. Sie ließ sich natürlich auch stundenlang ablegen und hatte oft eher Wild weg als ich. Besonders gern pirschte ich mit ihr unter Wind an Bestands- und Dickungsrändern entlang. Sie lief dann eine Strecke voraus und wurde sofort klein oder sank zusammen, wenn sie Wild in die Nase bekam. Nur bei Sauen nicht! Dann verhielt sie nur, stellte die Behänge weit und sträubte die Nacken- und Rückenhaare. Ich war so vor Überraschungen sicher und habe mir auch kaum Wild vertreten.

Einmal hatten wir beide den Morgen und dann das Büchsenlicht auf dem „Hasenhochsitz" abgewartet. Sämtliche Bäume und Sträucher waren dick mit Rauhreif behangen, mitunter so schwer, daß Äste unter der Last brachen. Oben auf dem Sitz hatte ich zwar schon bemerkt, daß der Wind plötzlich aus West umsprang, sah aber die weiße Wand dort erst, als wir den „Perlgang" durchschritten hatten. Minuten später saßen wir in der dicksten „Suppe", die man sich nur vorstellen kann – kaum drei Meter weit konnte ich sehen.

Also jetzt nichts wie heim!

Hinter dem Bach war der Nebel ganz besonders dicht, so daß ich Bombe, die nur wenige Gänge vorauslief, nur noch undeutlich erkennen konnte. Ich stolperte fast über sie, als sie verhielt. Sie lag und hatte zum Feld hin den Kopf hoch.

Nachdem ich sie leise angesprochen hatte, kroch sie vorwärts, blieb aber dann etwa zwanzig Schritte vom Weg ab wieder fest liegen. Alles Animieren half nichts – sie stand einfach nicht auf. Was tun? Während ich noch überlegte, tauchte rechts vor mir ein schemenhafter Wildkörper auf. Er schaukelte langsam an mir vorbei, und schon hatte ihn der Nebel wieder verschluckt. Ich zupfte gerade ratlos an meiner Nase, da erschien der undeutliche Schatten dort, wo ich ihn zuerst sah, abermals und verschwand gleich darauf wieder. Dieses spukhafte Spiel wiederholte sich noch mehrmals, und dann schaltete sich plötzlich meine Erinnerung ein: da hatten doch kürzlich die Waldarbeiter, und ich auch, verschiedentlich diese merkwürdigen Kreise festgestellt, über die wir uns damals keinen Vers machen konnten. Sie mußten von einem Hirsch stammen. Jetzt hatte ich ihn hier greifbar nah vor mir!

Anscheinend war er schwer krank, sonst hätte er mich längst bemerkt. Ohne zu zögern nahm ich das Fernrohr vom Drilling, steckte es ein und schoß, als der Hirsch abermals erschien. Er mußte in der Fährte zusammengebrochen sein, denn er war jetzt überhaupt nicht mehr zu sehen. Sofort hetzte ich die Hündin an, die ihn an der Drossel festhatte, als ich bei ihm war.

Es war ein mehrjähriger Spießer, mit langen, gewellten Stangen. Außer meiner Kugel, die auf dem Träger saß, fand ich zuerst nichts Auffallendes. Als ich ihn jedoch umdrehen wollte, sah ich es: er hatte keine Brunftkugeln! Das aber nicht allein – der arme Kerl war auch noch blind. Beide Lichter waren grauweiß; trotzdem war er gut bei Wildbret. In der Wagenremise habe ich ihn aufgebrochen und dabei doch noch eine bohnengroße Brunftkugel gefunden, die innen vor der linken Keule saß. Brave Bombe!

Gleich bei den ersten Hühnerjagden hatten wir im „Breitenfelder Moor" überall Fasanen angetroffen oder hochgemacht. Das ganze Gelände war für sie auch wie geschaffen: beste Deckung, überall und immer Wasser, einige Wiesen und ringsum Acker. Es war alles da, was Fasanen brauchten oder haben wollten. Die sonst dort auch zahlreichen Iltisse hielt ich mit Knüppelfallen kurz. Den Füchsen kamen wir mit Pulver und Blei an den Balg. Das war recht einfach und gelang oft, sofern wir nur genügend Schützen waren. An dem Tag wollte es allerdings gar nicht klappen, als mein Chef und ich nach einer Neuen dieses löbliche Tun allein fortsetzen wollten. Obwohl die beiden Waldarbeiter als Treiber mehrfach Füchse hochmachten, kamen uns die Rotröcke nicht vor die Mündungen. Bis auf einen! Dieser kam mit schleppender Lunte meinem Chef günstig auf dem Paß, wo er auch prompt seine fasanenlüsterne Seele aushauchte. Das war aber auch der einzige Erfolg dort.

Um den winterlich-schönen Tag aber völlig auszunutzen, wollten wir noch zwei oder auch drei Treiben in der „Fuchsschonung" machen.

Gesagt – getan!

Herrn v. Wedel hatte ich auf einen Wechsel angesetzt, der von der isoliert liegenden Dickung zur „Wickenriege" hinführte; dort konnte und wollte er alle Treiben abwarten. Erfahrungsgemäß nahmen Sauen und auch Füchse diesen Wechsel früher oder später immer an, ganz gleich, welcher Dickungsteil gedrückt wurde. Ich stand in der Mitte des ersten Treibens und hatte eine Schneise zu verteidigen. Hier konnte ich früher bereits mehrere Füchslein erwischen.

Das Treiben mußte bereits längere Zeit im Gange sein – außer einigen Karnickeln kam jedoch nichts. Dafür bog plötzlich der eine Waldarbeiter um die Schonungsecke und kam eilig heran.

Was er erzählte, wirkte auch auf mich überraschend: er und sein Bruder hatten vom Feld aus die Dickung angehen wollen; dabei waren sie auf eine Hirschfährte gestoßen, die in diesen Teil auch hinein stand. Sie hätten sich um sie und um den Hirsch zuerst nicht gekümmert. Jedenfalls so lange nicht, bis unmittelbar vor seinem Bruder der Geweihte hoch wurde, der aber dort stehenblieb. Edmund habe nun den Hirsch beobachtet und schließlich gesehen, daß dieser nicht nur „brettmager" war, sondern auch noch auf der Flanke einen großen, kahlen Flecken hatte. Sein Bruder sei daher vorsichtig zurückgekrochen, habe ihn herangepfiffen und ihm alles erzählt. Sie wären dann sofort aus der Schonung heraus. Jetzt stünde Edmund oben am Feld und beobachte. Was er tun solle?

Ich wußte es sehr genau und ließ ihn auf meinem Stand zurück. Dafür wetzte ich los und meldete die neue Lage dem Chef. Dieser war wohl auch erstaunt, jedoch mit meinen Vorschlägen gleich einverstanden. Der Kutscher sollte die Büchse des Chefs holen und ihm bringen, unterwegs jedoch Bombe aufnehmen, sie aber vorerst bei sich auf dem Wagen behalten. Inzwischen würde ich die Treiber unterrichten, damit sie sich beim Drücken auch weiterhin richtig verhielten. Erst wenn der Kutscher oben bei ihnen ankam, sollten sie damit beginnen. Wenn der Hirsch jedoch durch die Treiber ginge und auf dem Feld herauskäme, sollte der Kutscher die Hündin sofort anhetzen, die den Hirsch vermutlich bald stellen würde. Der Kutscher fuhr ab, und ich begab mich auf meinen Posten zurück.

Zuerst erklärte ich meinem treibenden Helfer die Einleitung. Dann kam ich zum Kernpunkt: „Sie verhalten sich genauso, wie ich es Ihnen jetzt sage. Genauso! Sie beide gehen oben auf Edmunds Spur in die Kiefern hinein. Bevor Sie da sind, wo er vorhin umkehrte, bleibt Ihr Bruder zurück. Sie pirschen sich vorsichtig bis dorthin vor, wo der Hirsch hoch wurde. Da er sich vermutlich dort wieder niedergetan hat, husten Sie oder klatschen in die Hände. So lange, bis er weiterzieht oder gar abgeht. In jedem Falle bleiben Sie aber auf der Fährte. Jetzt kommt die Hauptsache! Geht der Hirsch nach links ab, pfeifen Sie einmal. Dann muß Edmund auch nach links hinüber und dort klatschen.

Biegt er aber nach rechts aus, pfeifen Sie zweimal. Ihr Bruder muß dann auch schnell nach rechts laufen und sofort etwas Lärm machen. Sollte der Hirsch trotzdem zum Feld hin ausbrechen, rufen Sie laut, damit der Kutscher es hört. Vor allen Dingen: zuerst langsam und immer leise drücken!" Rudolf nickte und ging ab.

Zwanzig Minuten später erschien der Kutscher am Schneisenende, hielt, winkte und fuhr dann weiter. Gleich würde es losgehen! Bis jetzt hatte ich nichts vernommen und gesehen. Nur ein Grünspecht hatte eine Zeitlang einen alten Stubben am anderen Dickungsrand bearbeitet.

Vorsorglich hatte ich auch noch beide Schrotläufe mit Brennekegeschossen geladen, jedoch die Kugel eingeschaltet.

Wieder waren zwanzig Minuten vergangen – kein Laut – nichts. Obwohl ich in dauernder Spannung und Erwartung gestanden hatte, fuhr ich doch heftig zusammen, als Rudolf nicht weit von mir entfernt rief: „Achtung – der Hirsch kommt!"

Ich konnte mich gerade noch nach rechts drehen, da war er auch schon da. Mit krummem Rücken zog er über das Gestell. Als sein Haupt bereits wieder in der jenseitigen Dickung war, fiel mein Schuß. Er rutschte prasselnd in den Rand hinein – er lag.

Doch dann kam das, was ich vorher und auch nachher niemals vernommen hatte, ja, auch nie vermutet hätte – der Hirsch schrie.

Er schrie so laut, wie ein Hirsch nur in der Brunft schreien kann. Meine Ohren dröhnten, und mein Herz klopfte wie rasend. Mit zitternden Fingern lud ich nach, lief näher und schoß dem halb auf der Seite liegenden Hirsch auf den Träger.

Jetzt war es aus!

Einen bitteren Geschmack hatte ich an dem Tag noch stundenlang im Munde.

Wenig später waren wir alle bei dem Gestreckten versammelt. Alle hatten den Hirsch gehört, und jedem war es dabei kalt über den Rücken gelaufen.

Es war ein mittelalter Eissprossenzehner. Doch wie sah auch dieser arme Kerl aus! Er bestand eigentlich nur noch aus Haupt, Läufen, der Decke und Knochen. Beiderseits zogen sich vom

Rücken bis tief in die Dünnungen herab zwei kahle Stellen, die bis an die Keulen heranreichten. Trotzdem brach ich ihn auf. Das kleine Gescheide war verwachsen, der Pansen leer, die Merbraten nur noch angedeutet, eine Niere fehlte, die andere war deformiert. Es war die scheußlichste Schußverletzung, die ich je gesehen habe.

Wir haben ihn dort, wo er gefallen war, tief eingegraben. Jetzt sollten ihm auch die Füchse wenigstens nichts mehr tun können!

Als bei mir zu Hause abends alles schlief, kniete ich neben meiner Bombe nieder und nahm ihren Kopf in die Arme. Jetzt wußte ich erst richtig, was sie mir wert war und wie dringend ich sie brauchte.

Wer den Hirsch auf dem Gewissen hatte, habe ich nie erfahren können.

Am nächsten Tag besuchte mich mein Chef: „Es sieht so aus, als ob Sie bei Ihren hiesigen Hirschen nur die Sünden anderer gutmachen oder leidende Kreaturen erlösen sollten."

Dem war jedoch nicht immer so, denn später schoß ich auch einen starken, ungeraden Zwölfender, dessen gutes Geweih beachtliche 7 kg wog.

Hatte meine Hündin bei dem Unglückshirsch nur in der „Reserve" gestanden, so sollte sie Monate später in vorderster Front wieder Ruhm ernten.

Ich fand den Zettel an eine Vase angelehnt auf dem Schreibtisch. Er war von meiner Frau, die – wie ich dem Schlußsatz entnahm – mit unserer Haustochter zum Friseur gefahren war. Sein sonstiger Inhalt interessierte mich aber bedeutend mehr:

„Dein Kollege Hans hat einen Boten geschickt und bittet dich, mit Bombe baldmöglichst zu ihm zu kommen, um einen Keiler nachzusuchen. Dein Essen steht im Wasserbad, Bombes Futter in der Speisekammer."

Wir futterten gemeinsam ab, wobei meine Hündin dieses Mal allerdings nur die Hälfte ihrer sonstigen Ration bekam. Ich machte mich dann fertig, untersuchte den Drilling, entölte den Kugellauf, erneuerte das Karbid der Fahrradlampe und ergänzte deren Wasser. Es war gut möglich, daß es spät wurde.

Bombe saß an der Tür und beobachtete mich. Weshalb bat mich mein Nachbar um Hilfe, da er doch selbst einen recht brauchbaren Teckel besaß? Sollte bei der Nachsuche, die er doch sicherlich bereits mit seinem „Krümel" gemacht hatte, etwas schief gegangen sein?

Ich traf kurz nach $\frac{1}{2}2$ Uhr bei meinem Kollegen ein, wurde von dessen Frau begrüßt und fand ihn selbst in der Küche, wo er sich rasierte. Er reichte mir zur Begrüßung murmelnd den Ellenbogen, schnitt Grimassen und schien mir reichlich zapplig zu sein. Als er mit seiner anscheinend schweren Arbeit fertig war, begrüßte er mich richtig und zog mich sofort in sein Arbeitszimmer. Wir setzten uns, er schaute eine Zeitlang stumm aus dem Fenster und dann meine neben mir sitzende Hündin an. Schließlich begann er: „Schön, daß du gekommen bist. Ob wir aber unter den jetzigen Umständen etwas erreichen . . .", er verhielt. „Ich glaube, es ist besser, wenn ich von vorne anfange. Ich habe mich also heute morgen bei der Moorkultur angesetzt, da die Sauen in dem Weizen dort mächtig gewirkt haben. Ich war schon im Dunkeln dort, hörte oder sah lange Zeit nichts. Erst als es Büchsenlicht geworden war, tauchte auf der Kuppe im Weizen eine Sau auf, die ihn noch ein Stück überragte. Im ersten Augenblick dachte ich sogar, daß es ein Stück Kahlwild sei. Es war aber ein Mordskeiler, der langsam den Hang herab und etwas schräg auf mich zu anwechselte.

Obwohl ich, wie ich offen zugebe, mächtiges Herzklopfen bekam, machte ich mich fertig und wartete darauf, daß er aus dem Weizen heraus und über die Rabattenkultur ziehen würde. Er wäre mir dann tadellos auf neunzig Gänge gekommen. Er kam aber nicht aus dem Getreide heraus, sondern wollte dicht am Rande entlang vermutlich in das weit hinten angrenzende Erlenbruch einwechseln. Da ich ihn jetzt noch fast breit hatte, pfiff ich ihn an, er verhielt auch, und ich ließ fliegen, obwohl er von Halmen etwas verdeckt war.

Ich hörte Kugelschlag, der Keiler war einen Augenblick im Weizen verschwunden, dann drehte er am halben Hang einen großen Bogen nach links, kam etwa hundert Schritte von mir ab aus ihm heraus, fuhr in voller Fahrt durch die Kultur und verschwand schließlich knackend im Stangenholz links von mir. Ich beschoß ihn vorher im Weizen noch einmal, als er mir breit kam, und dann noch zweimal in den Fichten, als er in bockenden Fluchten die Rabatten nahm und ich ihn da wieder breit hatte. Ich hätte natürlich nicht mehr geschossen, doch mußte er die erste Kugel bekommen haben, obwohl ich ihm gar nicht ansah, daß er krank war.

Die zweite Kugel hatte sich sicherlich im Weizen verschlagen, und die beiden anderen sind bei seinen ungleichen und holprigen Fluchten vorbeigegangen. Nachdem ich noch eine Zigarette geraucht und dabei in die Stangen hineingelauscht hatte, schlich ich mich davon und ging heim.

Kurz nach 7 Uhr war ich mit Krümel am Anschuß, während ich drei Waldarbeiter, die ich auch mitgenommen hatte, bei meinem Stand am Rande der Stangen warten ließ. Mein Teckel fand den Anschuß sofort, hielt die Fluchtfährte sicher, und ich konnte den Schweiß, der allerdings nur auf der Einschußseite am Weizen abgestreift war, auch gut ausmachen. Alles ging prima, bis fast an den diesseitigen Rand der Rabattenkultur. Dann war es aus.

Kein Schweiß mehr, nur anfangs noch in dem Astmoos die Eingriffe, die aber auch bald nachließen. Ich nehme an, daß sich der Einschuß bei den rutschenden und bockenden Fluchten in den zum Teil tiefen Gräben der Kultur verstopft hat.

Trotzdem hielt Krümel weiter die Fährte, denn er zog geradeaus durch das Stangenholz in die angrenzenden Altkiefern hinein. Doch dort, in dem ungewöhnlich hohen Beerkraut, war es bald ganz aus. Der kleine Kerl kam kaum voran, fing an zu stolpern und zu springen – es war eben aus. Ich nahm ihn daher auf, und wir umschlugen das Altholz – nichts. Ich habe den Krümel geschnallt, und wir haben sämtliche Bestände der Gegend stundenlang systematisch abgesucht – nichts – nichts – nichts.

Nachdem ich schließlich die Suche abgebrochen hatte, war ich restlos erledigt und schachmatt gegen 11 Uhr hier. Doch dann sagte meine Frau" – er schwieg und sah zu ihr hin, die genau wie ich stumm seiner Schilderung gefolgt war –: „Laß doch Hans Hoffmann Bescheid sagen. Vielleicht hat er Zeit und kommt mit seiner Bombe her und sucht nochmals mit der nach. Vielleicht findet die den Keiler.'

Ich schickte also den Arbeiter zu dir und hatte noch Glück, denn deine Frau wollte gerade mit euerm Hausgeist wegfahren. Ich weiß zwar nicht, ob ihr beide noch etwas ausrichten könnt. Wenn nicht, kannst oder mußt du dich bei meiner Mutti bedanken. Jedenfalls bist du und deine Bombe vorläufig für uns die letzte Station, besser gesagt, unsere letzte Hoffnung. Also auf zum letzten Kampf! Du, Mutti, machst uns später ein anständiges Abendessen, und im übrigen glaube ich nicht . . ." Er schwieg abermals, drehte sich um und ergriff seinen Repetierer.

Eine halbe Stunde später drehte ich mit Bombe am Riemen den Bogen in dem Weizen und stolperte dann mühsam hinter ihr her durch die Rabattenkultur. Der Schweiß war jetzt, zehn Stunden nach dem Schuß, nicht mehr anzusprechen. Er war jedoch in guter Höhe am Weizen abgestreift. Allerdings war davon sehr viel weniger vorhanden, als ich vorher angenommen hatte.

Trotzdem hielt meine Hündin die schwache Fährte gut. Sie suchte mit tiefer Nase und nahm sie erst am Rande der Kiefernstangen hoch. Sie blickte sich kurz um und fing mit lockerem Riemen an zu kreisen und schlug große Bogen. Schließlich setzte sie sich und blickte mich rutewedelnd an. Aha! Ich wußte genau, was sie wollte – ich sollte sie schnallen.

Ich streifte ihr daher die Halsung ab und gab ihr einen leichten Klaps. Sofort war sie hoch, „wedelte" mit der ganzen Hinterhand, zog die Lefzen hoch, näßte und tauchte in den noch recht dichten Stangen unter. Es war genau 3 Uhr und 4 Minuten.

Langsam folgten wir und standen bald am Rande der Altkiefern. Ich sah sie noch einmal weit drinnen in den Kiefern, dann war sie endgültig weg.

Wir gingen durch das Altholz, querten ein Stangenholz und verhielten vor einer rauhastigen, lückigen Kieferndickung. Bisher hatten mein Kollege und ich kein Wort gewechselt.

Jetzt brach ich das Schweigen.

„Was kommt hinter der Dickung?"

„Stangenholz, dann Dickungen, wieder Stangen, dahinter ein Weg und dann . . ."

Ich winkte ab. „Gehen wir erst mal bis an den Weg." Zwanzig Minuten später saßen wir auf der Böschung des Weges. Ich rauchte, und mein Nachbar stocherte unruhig und stumm mit seinem Stock an der Wegkante herum. Er stieß schließlich den Stock unwillig neben sich in die Erde und schnaufte: „Es ist eine völlig vermasselte Tour. Selbst wenn wir jetzt noch den Keiler finden sollten, ist er bei dem Wetter längst anbrüchig. Ich hätte ihn in dem Weizen nicht beschießen dürfen."

Ich sagte nichts, denn diese Befürchtung hatte ich schon lange. Ich bot ihm eine Zigarette an.

4 Uhr!

Hans wurde wieder zappelig, stand auf, setzte sich jedoch wieder, als ich ihm eine weitere Zigarette gab. Stumm rauchten wir.

Mein Begleiter schnaufte jetzt dauernd, räusperte sich und begann wieder die Stocherei mit dem Stock.

„Deine Bombe hat die Sachlage richtig erkannt. Die ist schlauer als wir und vermutlich längst bei dir zu Hause."

Ich mußte lachen.

„Bombe zu Hause? Das denkst du und jeder, der sie nicht genau kennt. Wenn sie nach zehn oder meinetwegen auch zwanzig Minuten zurückgekommen wäre, hätte ich gesagt: Schluß! Doch jetzt, nach fast zwei Stunden, sage ich dir: Sie findet den Keiler oder hat ihn bereits gefunden. Je länger sie fortbleibt, um so besser für uns! Wir müssen in Geduld warten, wenn es dir auch noch so schwerfällt."

Ich gab ihm nochmals eine Zigarette, die er allerdings nicht anbrannte, sondern unschlüssig zwischen den Fingern hin und her rollte und drehte. Ich war mit meiner längst fertig, da warf er sie achtlos fort und sprang auf.

„Dort, deine Bombe."

Sie stand achtzig Meter links von uns im Gehsteig, war von Ästen halb verdeckt und äugte zu uns her. Ich erhob mich, klopfte mir den Sand ab und blickte zur Uhr: 5 Uhr 17.

„Na, alte Tante, wo ist er denn? Komm her!"

Lange Enden, mächtige Stangen – Portrait eines kapitalen Rothirschs

Frühmorgens wechselten sie aus der Deckung

Ich war zwanzig Schritte von ihr ab stehen geblieben und rief sie laut und befehlend an.

Bombe aber kam trotzdem nicht, sondern drehte freudig ihre Hinterhand hin und her, hob den Kopf, schüttelte die Behänge und zog die Lefzen hoch: sie lachte!

Sie mußte den Keiler gefunden haben, und der war uns jetzt sicher.

Ich drehte mich um. „Waidmannsheil, Hannes! Was jetzt noch kommt, dürfte einfach sein."

Es wurde aber keineswegs einfach. Bombe führte uns durch dick und dünn, wir durchquerten einen Teil des Nachbarreviers, kamen wieder in das meines Begleiters, folgten ihr eine ganze Zeit eine Schneise entlang und zwängten uns schließlich durch eine große Dickung. Mehrmals mußte ich sie hier zurückpfeifen. Immer kam sie, niemals aber bis dicht zu mir heran.

Sie verwies in der alten, mir längst bekannten Weise. Als wir einen kleinen Wall passierten, sagte Hans: „Die Reviergrenze."

Wir durchschritten dann ein Kiefernaltholz, querten schließlich die Freienwalder Chaussee, kamen wieder in einen anderen ähnlichen Altholzbestand, krochen durch astige Fichtenstangen.

Das sonst fast ebene Gelände fiel jetzt vor uns etwas ab. Plötzlich wurde es vor uns hell, und wenig später standen wir am Rande eines verlandeten Sees oder eines zugewachsenen Moores. Die Fläche war etwa drei Hektar groß, mit einigen Krüppelbirken und zahlreichen kugeligen Weiden bestanden und von mehreren Rohr- und Schilfgruppen durchstellt. Sie schien naß zu sein.

Wie naß sie tatsächlich war, merkte ich bei dem ersten Schritt, als ich Bombe folgen wollte – ich sank sofort ein.

Wortlos zog ich mir den Rock, die Schuhe, die Stutzen und die Stiefelhose aus, zog die Schuhe aber wieder an. Meinen Drilling ließ ich ebenfalls am Rande zurück, brach mir dafür eine trockne Fichte, von der ich die starren Äste entfernte.

Da mein Freund keine ähnlichen Anstalten traf, mußte ich innerlich lächeln, gab ihm aber die Halsung mit dem Riemen. Das andere Ende desselben behielt ich über der Schulter.

„So, jetzt ganz langsam und sinnig rin ins Vergnügen! Tritt aber ja nie auf so einen hellgrünen Flecken wie den dort und folge mir möglichst in meiner Spur. Erst wenn ich weitergehe oder fest stehe, kommst du nach, hältst aber immer den Riemen straff. Wenn du einbrichst, legst du dich sofort lang und deine Büchse quer. Auf geht's."

Ich pfiff Bombe, die sofort zwischen Weiden, achtzig Meter von uns ab, auftauchte. Langsam und sehr vorsichtig steuerte ich auf die Weiden zu und umging jeden hellgrünen Flecken. Trotzdem schwankte und wackelte der ganze Boden um mich herum. Manchmal sogar recht bedenklich.

Einmal sackte ich bis über die Hüften ein, kam aber dank meiner Fichte bald wieder heraus. Das Wasser war eiskalt.

Ich war doch froh, als ich mich zwischen zwei Weiden durchzwängte, denn hier war der Untergrund fester.

Erst als mein Begleiter bei mir war, ging ich weiter. Doch dann verhoffte ich: vor uns plätscherte Bombe in einem größeren Rohrhorst auf einer Stelle herum, zerrte und zauste da unverkennbar am Keiler – gleich war es geschafft.

Dann sahen wir die beiden: das riesige Haupt mit dem kapitalen Gewaff, das linke Blatt und den halben Vorderlauf des Hauptschweins aus dem Wasser ragend, der Rest war eingesunken. Oben auf dem Blatt stand Bombe und griff zerrend in die Schwarte des Wurfes.

Mein Kollege schnaufte keuchend und wischte sich mit der moorverschmierten Hand über das verschwitzte Gesicht.

„Ach, du grüne Neune! Welch ein Klotz von Keiler. Ich muß hin zu ihm, ich muß hin!"

„Nur immer langsam! Warum denn?"

„Ich muß jetzt erst wissen, ob er schon lange verendet ist. Ich muß hin zu ihm. Ich muß wissen, ob ich mich über ihn noch freuen kann."

Er war völlig aus dem Häuschen und wollte sofort zu dem Bassen. Ich hielt ihn jedoch zurück, nahm ihn an den Riemen und gab ihm die Fichte. Seine Büchse übernahm ich.

Vorsichtig tastete er sich zu ihm hin, sank aber in dem zerwühlten und zertrampelten Boden bis an die Brust ein. Doch dann war er wieder ebenerdig, griff in das Gebrech, bewegte den Unterkiefer, griff in den Gehörgang des Tellers.

Obwohl ich die Hündin warnend angerufen hatte, knurrte sie böse mit gefletschtem Gebiß.

Langsam zog ich meinen Freund auf festeren Boden zurück und pfiff Bombe ab. Sie kam nur widerwillig.

„Ich glaube, ich habe Glück gehabt. Der Keiler ist bestimmt noch nicht lange verendet, wurde vielleicht von deiner Hündin sogar noch lebend gefunden. Gut, daß das Wasser eiskalt ist. Hans ..."

Er gab mir seine verschmierte Hand. Ich wußte genau, wie es jetzt in ihm aussah.

Unser Rückmarsch zum „Festland" war genauso schwierig, wie vorher das Eindringen ins Moor. Ich zog mich, nachdem ich mich gesäubert hatte, an und behielt das verschmutzte Unterzeug in der Hand. Mein Kollege sah aus, als wenn er soeben der Unterwelt entstiegen sei.

Er besah sich Bombe, die sich die Flanke leckte, seufzte: „Ich wäre froh, wenn ich auch so einen Hund hätte."

„Du? Du kannst froh sein, daß du deinen Krümel hast und daß du so einen Keiler strecken konntest. Wie weit ist es übrigens so ungefähr vom Anschuß bis hierher? Ich meine in der Luftlinie?"

„Bis hierher? Wenigstens vier Kilometer."

„Na, siehst du! Was hätte uns da ein Totverbeller genutzt? Übrigens noch alles Gute zu der Bergung des Bassen, die es bestimmt in sich haben wird. Nimm genug Bretter und einige Leitern mit. Vor allen Dingen genügend Männer, dazu lange Seile und Ketten; vergiß auch einige Laternen nicht. Und jetzt, nichts wie ab!"

Wir hatten Glück und waren bald im Forsthaus, da uns ein Bauer auf seinem Wagen mitnahm. Mein Freund wurde dort sofort sehr rege, und etwas später rasselte ein Leiterwagen mit acht Männern und allem Notwendigen am Hause vorbei.

Sie kamen erst gegen 11 Uhr zurück, und alle schauten aus wie „Puck und Genossen".

Das Hauptschwein sah sowieso so aus und fühlte sich an wie

tiefgekühlt. Es hatte die Kugel sehr tief durch die Leber und war bereits recht feist. Ja, ja, der Weizen! Es wog versorgt und ohne das wahrhaft kapitale Gewaff 226 kg und wurde von allen Anwesenden entsprechend und gebührend bestaunt. Auch ich gehörte zu den andächtig Staunenden. Das Abendessen hat uns allen besonders gut gemundet. Bombe vertilgte ohne Gewissensbisse den Inhalt eines großen Glases mit eingeweckter Leberwurst und fühlte sich danach erst richtig wohl.

Ich brauchte die Fahrradlampe nicht anbrennen, denn es war längst Tag, als ich müde und etwas zerschlagen zu Hause ankam und mich gleich einschob. Es ist schön, wenn man die Hoffnung anderer, besonders wenn es deren letzte ist, nicht enttäuschen muß. Ich schlief damals jedenfalls mit diesem Gedanken zufrieden ein.

*

Mit gemischten Gefühlen hatte ich den Schlußlichtern des D-Zuges so lange nachgeschaut, bis sie in der Ferne verschwanden. Sicher – ich gönnte meiner Frau nicht nur diese vierzehn Tage „Urlaub", sondern ich konnte deren Besorgnisse auch gut verstehen, da sich die Krankheit ihrer Mutter erheblich verschlimmert hatte. Außerdem würde ich ihre Abwesenheit einigermaßen gut überstehen, da unsere Hausgehilfin die Wirtschaft auch allein weiterführen konnte. An diesem Abend war sie allerdings auch abwesend, da sie den üblichen Silvesterball im Dorf mitmachte.

Gleich nach dem Abendessen braute ich mir einen steifen Grog, löschte das Licht und setzte mich ans Fenster. Eine der Weihnachtszigarren brannte, und das Doppelglas lag griffbereit neben mir. Die schnellziehenden Wolken ließen den Schein des Mondes an- und abschwellen, so daß die Schneelandschaft in ein etwas geisterhaftes Licht getaucht wurde.

Gegen $^1/_29$ Uhr traten weit hinten in der Wiese mehrere Rehe aus, die am Rande des Topinamburs zu äsen begannen.

Ich spielte bereits mit dem Gedanken, mich nach einem weiteren Grog ins Bett einzuschieben, als Bombe kam und mich mit ihrer kalten, feuchten Nase anstieß. Es war wie eine Aufforderung –

hast recht, mein Hund, warum soll ich gerade diese schöne Nacht trübsinnig oder gar im Bett verbringen.

Zehn Minuten später war ich marschbereit und klopfte der Hündin noch einmal die Keulen: „Heute kannst du nicht mit! Sei brav und hüte das Haus. Ablegen!"

Sie tappte zu ihrer Sauschwarte, ließ sich umfallen und seufzte – seufzte entsagungsvoll wie ein Mensch. Sie hatte mich verstanden. Im Haus blieben alle Türen angelehnt offen.

Bis Mitternacht wollte ich mich auf dem „Hasenhochsitz" ansetzen, da man von dort den besten Ausblick hatte und ich dort auch sicherlich Wild sehen würde. In dem spannhohen Pulverschnee kam ich leise und gut voran. Einige Hasen und Karnickel rückten nur zögernd wie unwillig ab, als ich näher kam.

Der Hochstand war überdacht und somit fast ohne Schnee. Mit einem Fichtenzweig fegte ich ihn völlig frei und saß wenig später, angetan mit Pelzstiefeln und dem Jagdpelz, warm und mollig oben. Mein Rauchzeug und die Buddel mit Rum lagen neben mir auf dem Sitzbrett, der Drilling lehnte in der Gewehrhalterleiste.

Hatte ich auf dem Anmarsch bereits einige Böllerschüsse in der Ferne vernommen, so mehrten sie sich, je später es wurde. Die große Knallerei würde allerdings erst mit dem neuen Jahr beginnen.

Ich hatte meinen Zigarettenstummel gerade getötet, da erklang das helle, aufreizende Klick-Klack schlagender Stangen von der Futterung in den „Vieren" zu mir herüber. Die Herren versäumten es doch fast nie, ihr Nahen achtungsvoll und gebührend anzumelden! Eine halbe Stunde „nachtmahlten" sie dort und taten sich an den Kastanien, Kartoffeln, Eicheln und den Rüben gütlich – dann erschienen sie.

Sie kamen, als ob sie sich mir noch einmal im alten Jahr parademäßig zeigen müßten. Dieses Mal allerdings in umgekehrter Rangordnung, denn die drei stärksten Hirsche zogen den vier folgenden, auch nicht gerade schwachen, voraus. Ich verfolgte sie mit dem Glas so lange, bis sie in den Erlen des „Perlganges" untertauchten. Wenn jetzt noch das Rudel mit den fünf Schneidern erschiene, wäre die gesamte, nächtliche Herrenpartie des

Reviers komplett. Diese hatten aber anscheinend etwas anderes vor, denn sie kamen nicht.

Dafür zogen aus dem „Eichholz" nach und nach neun Stück Damwild heraus, die ebenfalls in den Erlen verschwanden. Der Mond war inzwischen von dunklen Wolken völlig verdeckt – es roch geradezu nach neuem Schnee. Zwei Hasen mümmelten lange Zeit am Rande links von mir herum. Als die Knallerei in der Ferne jedoch begann, verschwanden auch sie – sicher war anscheinend sicher.

Beim ersten Glockenklang im neuen Jahr nahm ich den ersten Schluck, nach drei weiteren, mannhaften Zügen war die Hüftflasche leer. Brr – der Rum war doch tatsächlich genauso kalt wie eiskaltes Wasser – lange blieb ich bestimmt nicht mehr hier oben. Ich wollte noch einen letzten Rundblick mit dem Glas tun, kam aber nicht mehr dazu.

Rechts, in den Kiefern der „Vieren", erklang das heisere, nahe Bellen eines Fuchses! Kaum hatte ich den Drilling klar, da trabte er auch schon aus den Stangen heraus, dicht gefolgt von einem zweiten Leisetreter. Mäßig flüchtig liefen beide über den Acker schräg auf mich zu. Auf den vorderen kam ich ruhig und gut ab, den abbiegenden, jetzt hochflüchtigen Nachfolger beschoß ich dagegen sehr schnell, hatte dabei aber kein ungutes Gefühl – auch er mußte die Schrote haben.

Ich behielt ihn im Zielfernrohr, bis er fast da wieder im Stangenholz verschwunden war, wo beide herkamen.

Rotrock Nummer „eins" lag dem Sitz genau gegenüber. Ich baumte ab, band die Stiefel zusammen und holte ihn. Er war ein mittelstarker Rüde. Also war der andere, der mir auch etwas stärker vorgekommen war, ebenfalls einer, der seinen künftigen Nebenbuhler nur anständig auf den Schwung gebracht hatte.

Ich ging auf den Fluchtspuren des Beschossenen noch etwas in die „Vieren" hinein, drehte aber bald um. Bombe sollte morgen ihren ersten Spaß im neuen Jahr auch haben.

Sie begrüßte mich stürmisch und bewindete sofort interessiert meine Hände, obwohl ich sie bereits ausgiebig mit Schnee gewaschen hatte. Sie gab erst Ruhe, als sie im Holzstall den Fuchs gebeutelt hatte.

Es hatte in der zweiten Nachthälfte tatsächlich kräftig geschneit, doch würde Bombe die Neue nichts ausmachen. Sie untersuchte dann auch eingehend die Stelle, wo der Fuchs gelegen hatte und verschwand genau dort, wo der andere den Bestand angenommen hatte. Bestimmt hatte sie ihn gleich.

Sie hatte ihn aber weder gleich noch später, sondern saß hundert Meter weit in den Kiefern und blickte mir entgegen. Dort lag der Fuchs, das heißt, er hatte dort gelegen, denn außer Wolle war nichts mehr von ihm da – sogar Kopf und Lunte mußte in den Mägen der Sauen verschwunden sein, die den Verendeten hier auf dem Marsch zur Futterstelle als willkommene Fundsache angetroffen hatten. So eine schwarze Rasselbande; na wartet, wenn ihr stecken solltet!

Es waren neun Stücke, und sie hatten von den Kartoffeln und den Eicheln auch nichts übrig gelassen – nur das, in das man ungern tritt. Außerdem war die Rotte in einem großen Bogen zum Nachbarn zurückgewechselt. Auch Sauen wechseln mit vollen Mägen manchmal ungern weit und lange.

Die vorgesehene Strafpredigt mußte ich also aufschieben.

Im „Eichholz" besuchte ich noch mehrere Knüppelfallen, dann wollte ich schnell weiter, denn wir hatten noch einen langen Weg vor uns.

Der gestohlene Fuchs wurmte mich aber doch mächtig!

Bombe lief hier wieder eine Strecke voraus. Gerade hatte ich den Knüppeldamm überschritten, da verhielt sie. Na, na, Madame, das dürfte doch wohl ein Irrtum sein! Unter der Fichte da kann doch höchstens nur ein Krummer sitzen.

Doch sie stand vor und hatte alle Nacken- und Rückenhaare hochgestellt.

Ich nahm daher die Waffe herunter und suchte mir gutes Schußfeld – dann hetzte ich sie an.

Wie ein Pfeil schnellte sie vor, bremste aber ab und gab – Standlaut!

Unter der Fichte wurde es schwarz, und dann fuhr der Keiler auch schon auf die Hündin los.

Ja, das dachtest du dir, schwarzer Ritter – die war jetzt auf der anderen Seite der Fichte. Der Keiler hatte sich auch sofort herumgeworfen, hatte die Teller ab- und die Federn hochgestellt und hielt den Pürzel waagerecht – auch er war jetzt sehr auf dem Posten!

Einen Augenblick genoß ich noch das Bild „Schwarz auf Weiß", dann warf ihn meine Kugel zusammen. Er kam noch mit schlagenden Läufen hoch, da riß ihn Bombe wieder nieder. Sekunden später war er verendet.

So, jetzt hast du für deine Sippschaft mit deiner Schwarte zahlen müssen! Seine nächtlichen Fährten konnte ich kaum noch ausmachen; aber auch er hatte die Futterstelle nachhaltig besucht.

Bombe war somit am Neujahrsmorgen doch noch zu ihrem Spaß gekommen.

Hatte sich für mich das Jahr recht gut angelassen, und hatte ich in dessen weiterem Verlauf auch an den Schwarzen erhebliche „Vergeltung" üben können, so sollte es gewissermaßen noch mit einem Paukenschlag enden:

Von morgens an zogen tiefhängende Wolken und verstärkten das trübselige Grau des Tages. Es wurde überhaupt nicht richtig hell. Gegen Abend drehte der Wind noch mehr nach Norden und frischte erheblich auf. Jetzt fuhr die steife Brise heulend und fauchend ums Haus und rüttelte in böigen Stößen an den Fensterläden.

Meine Frau arbeitete an einer Stickerei. Ich saß, lesend und rauchend, in meinem Sessel.

Als unsere Ida, mit einem Strickstrumpf bewaffnet, ins Zimmer trat, sagte sie: „Es schneit."

Ich ging und sah nach. Durch die geöffnete Haustür stob mir eine wirbelnde Schneewolke entgegen. Ja, es schneite, schneite immer noch, denn eine bereits geschlossene Schneedecke bekundete, daß es schon längere Zeit geschneit haben mußte. Endlich war der so lang ersehnte Schnee da.

Als ich in der Nacht aufwachte, war das Tosen des Sturmes verstummt. Ein Blick durch das Fenster zeigte mir den von gleißendem Mondschein überfluteten Winterwald. Noch einen weiteren vorsorglichen Blick auf den Wecker, ob er auch richtig gestellt war, dann schob ich mich wieder ein.

Der neue Tag fand mich dort, wo ich mit meinem Abfährten beginnen wollte. In gutdurchdachter, oft erprobter Weise zog ich langsam meine Bahn, um möglichst viel von dem zu sehen, was sich nachts getan hatte.

Außer einigen Bachen mit Frischlingen, verschiedenen Überläufern sowie mehreren Stücken Rotwild und Damwild war aber im Hauptrevierteil nichts festzustellen.

Eine starke Sau oder gar ein Gelbkehlchen? – Fehlanzeige. Leider.

Ich erreichte die Bachbrücke und blieb überlegend stehen. Sollte ich das übrige Revier gleich noch mitnehmen oder erst nachmittags dort abfährten? Trotz des Pulverschnees fühlte ich bereits ein leichtes Ziehen in den Oberschenkeln – also vorerst Schluß und heim. Fortsetzung nach dem Essen.

Im Weitergehen dann ein neuer Gedanke: ob sich am Bach wohl . . .? Weg war das Ziehen in den Beinen, und gleich darauf übersprang ich einen schmalen Graben.

Ich hatte mich der Einmündung eines rasch fließenden Grabens genähert und sah schon von weitem auf dem Eis die Fährten.

Mit klopfendem Herzen stand ich dann davor: Ein förmlicher Paß war hier angelegt. Aus den Schleppspuren der Ruten war klar genug zu ersehen: Otter. Waren sie nun bachauf- oder -abwärts? Wo mochten sie stecken? Nicht zu sagen, denn die Fährten liefen nach beiden Richtungen.

Wahrscheinlich hatten sie, denn mehrere waren es bestimmt, einem nahen Fischteich Besuch abgestattet. Über die Einmündung des Grabens waren sie jedenfalls nicht hinaus.

An der nächsten offenen Blänke fand ich Otterlosung, Fischreste und zerbissene Krebsschalen. Ebenso auf allen anderen Ausstiegen der Fischliebhaber. Dort hatten sie ihre unter dem Eis ergatterte Beute verzehrt. Mein Entschluß stand unumstößlich fest: Heute setze ich mich hier an.

An der geeignetsten Stelle, dreißig Gänge von einem Paß entfernt, dessen Ein- und Ausstiege zudem noch eisfrei waren, richtete ich mit wenigen Handgriffen einen alten Entenschirm wieder her.

Wenn es hier nicht klappte, gelang es überhaupt nicht. Hoffentlich blieb der Wind gut! Mit diesen Gedanken wandte ich mich heimwärts.

Der Nachmittag wollte und wollte nicht so recht vergehen. Alles lag griffbereit. Mehrmals nahm ich den Drilling zur Hand und schaute durch die blitzblanken Läufe. Endlich war es soweit. Meine Frau rief mir von der Tür nach: „Denkst du auch daran, daß wir heute abend Besuch haben?"

„Besuch?"

„Ja, Besuch! Komme bitte nicht zu spät zurück!"

Das hatte mir gerade noch gefehlt! Ausgerechnet heute abend. Es war ein wundervoller Weg durch den Winterwald. Bald hatte ich den Schirm erreicht und richtete mich ein. Pelzstiefel angeschnallt, Schneehemd über; Patronen und Drilling griffbereit. Meinetwegen konnte es losgehen.

Schon während des Anmarsches waren feine Schneekristalle und einzelne große, lockere Schneeflocken von dem wieder bedeckten Himmel heruntergekommen, und mählich wurde der Flockenfall dichter. Der leichte, kaum merkbare Wind war gut geblieben, denn der Rauch meiner Zigarette verwehte langsam links hinter mir im Bruch. Es wurde dunkler. Dann kamen die Enten. Von allen Seiten flogen sie mit klingendem Schwingenschlag heran und fielen rufend auf den offenen Stellen des Baches ein. An der Einmündung des Passes, links von mir, waren auch welche eingefallen. Sie standen vertraut auf dem Eis, watschelten umher und putzten sich.

Ich saß mollig warm und lauschte, kam dabei ins Sinnieren. Ausgerechnet heute war also Besuch angesagt! Warum aber gerade heute? Er wäre mir sonst stets angenehm gewesen. Aber heute kam er mir mehr als ungelegen. Na, schön, dann mache ich heute eben früher Schluß. Morgen ist ja auch noch ein Tag. Aber wann wollte ich Schluß machen? Dann wußte ich es: Wenn der D-Zug Stettin–Danzig, gegen 19 Uhr etwa, vorüberdonnerte, sollte und mußte Schluß sein. In einer knappen halben Stunde war ich zu Hause, und ich würde so noch nicht einmal unhöflich erscheinen. Nun war ich einigermaßen zufrieden, denn bis der Zug kam, konnte allerlei passieren.

Es war jetzt völlig Nacht geworden, und es schneite anhaltend gleichmäßig. Aber die Helligkeit des Schnees, der Mond und das Zielfernrohr würden auch bei dem bedeckten Himmel noch genügend Licht geben. Aus der Rocktasche unter dem Pelz angelte ich mir eine Zigarette hervor und hatte die Streichhölzer bereits in der Hand, da ... hinter mir ein Rascheln, jetzt wieder. Den Drilling schußbereit blickte ich über das Fernrohr hinweg in das dämmrig-weiße Dunkel der Erlen. Da – auf zwanzig Schritte für einen Augenblick ein verschwindender, kleiner dunkler Fleck. Der Schatten tauchte kurz wieder auf, verschwand hinter einem Erlenstock; jetzt eine hüpfende Flucht, und er war auf dem Steig. Schuß!

Während die Enten empört rufend abstrichen, ging ich in meinen Pelzstiefeln unbeholfen dorthin, wo der vermeintliche schwache Otter im Schnee versunken war, und fand ... einen kapitalen Baummarder. Es war der weitaus stärkste meiner bisherigen, nicht gerade kleinen Strecke.

Die freudvolle Zwiesprache mit dem prächtigen Kerl muß lange gedauert haben, denn einfallende Enten brachten mich in die Wirklichkeit zurück. Das geheimnisvolle Nachtleben schlug mich wieder in seinen Bann. Ab und zu glitt mein Blick auf das neben mir liegende Gelbkehlchen – jetzt konnte der D-Zug getrost kommen!

Aus dem an die Wiese grenzenden Bestand trat eine Ricke mit zwei Kitzen aus; sie zogen jedoch bald ins Holz zurück. So verging, während ich besinnlich schaute, rauchte und meinen Gedanken nachhing, langsam die Zeit, bis ich in der Ferne die Geräusche eines anfahrenden Zuges hörte. Wenig später brauste der D-Zug heran, passierte donnernd und polternd die Brücken der Bachüberführung, und das Gestampfe des Zuges verklang wieder in östlicher Richtung.

Ich stand also auf und wollte mich zum Heimweg rüsten. In diesem Augenblick hörte ich von links aufgeregtes Paaken aufstehender Enten. Langsam setzte ich mich wieder, den Drilling schußbereit in der Hand. Weitere Enten standen auf und zogen über mich weg. – Den Bach herab kam eine Störung; das stand fest. War es ein Fuchs oder ein Otter?

Die Breitschnäbel auf dem Eis in der Bachbiegung waren jetzt zu Pfählen erstarrt, sicherten bachaufwärts und standen ebenfalls auf. Ich hörte Plätschern, Schnaufen und Knirschen – gleich mußte der Otter, der die Enten hochgemacht hatte, erscheinen. Wieder plätscherte es, dann hörte ich Eis brechen und sah eine Bewegung im Ausstieg. Und nun glitt ein langer, dicker Strich auf dem Paß dahin. Das konnte doch kein Otter sein – dafür war der Schatten viel zu lang! Jetzt war der Strich mir genau gegenüber, riß auseinander. Oha – zwei Otter! Auf den vorderen kam ich über das dicke Fadenkreuz gut ab. Domm! Mündungsfeuer! Ich sah den Beschossenen nicht mehr, aber über ihn hinweg flüchtete der andere. Ich hatte ihn im Glas – mitgefahren – Schuß! Trotz des Mündungsfeuers erkannte ich eine drehende Bewegung, hörte einen Klatsch und knirschendes Eis. Lauschend blickte ich nach links zum Ausstieg. Da saß doch tatsächlich, halb aufgerichtet, ein dritter Otter, der nach den beschossenen Artgenossen äugte. Während ich hastig eine Schrotpatrone hervorangelte, sie in den linken Lauf gleiten ließ und den Drilling behutsam schloß – verschwand der Otter so plötzlich, wie er gekommen.

Mir war mächtig warm geworden. Ich lud jetzt aber auch den rechten Lauf. Warum mußte ich eigentlich die Zeit mit der Schrotpatrone vertun, wo ein Druck auf den Kugelschieber genügt hätte? Probierend hob ich den Drilling. Der Zielstachel, der wie ein Pfosten im blendenden Weiß stand, hätte die Kugel auch sicher ins Ziel gebracht. Oh, ich dreimal großer Trottel! Da, ich traute meinen Augen nicht, erschien am Ausstieg wieder ein dunkler Fleck, wurde größer!

Längst lag der Drilling im Gesicht, und ich beobachtete durch das Glas den sichernden Otter. Er machte eine Flucht den Paß entlang, noch eine – dann rollte der Schuß aus dem linken Lauf durch die nächtliche Stille.

Der Otter war verschwunden, war im tiefen Schnee versunken.

Es war genau 19 Uhr 15. Mit etwas zitternden Händen streifte ich die Stiefel ab und die anderen Umhüllungen herunter. Dann ging ich die Otter holen.

Der zuerst gestreckte war eine alte, starke Fähe; die beiden anderen waren diesjährige Rüden. Der zweite hing auf dem Randeis. Er hatte, sich überschlagend, im letzten Sprung das offene Wasserloch verfehlt. Ich holte ihn vorsichtig mit einem Erlenhaken vom Eis herunter.

Zwei Otter im prallen Rucksack, den Marder außen draufgeschnallt und den dritten in der Hand – eine schwere, aber höchst angenehme Last –, so trat ich den Heimweg an. Meine Pelzsachen konnten bis morgen warten.

In der Waschküche habe ich Strecke gelegt und ging harmlos lächelnd ins Haus.

Meine Frau, die mich kommen hörte, empfing mich: „Du hättest aber auch etwas früher kommen können. Alle schauen dauernd auf die Uhren."

Ich begrüßte unsere Freunde, entschuldigte mich der Verspätung wegen, die ich aber nicht bedauerte.

Meine Frau kam aus der Waschküche zurück: „Na, hör mal, so etwas war doch noch nie da", rief sie, jetzt auch ehrlich begeistert. Als alle die wirklich sehenswerte Strecke besichtigt und gebührend bewundert hatten, gingen wir zum „gemütlichen" Teil des Abends über.

Der Abschluß des Jahres hatte die gezogene Niete seiner ersten Nacht mehr als wettgemacht.

Überraschende Wendungen

Hatten sich meine bisherigen Überraschungen nur auf jagdlicher Ebene bewegt, so stand mir Monate später auch eine berufliche bevor: Der vor dem Hause stehende Wagen war, wie ich feststellte, in Stettin zugelassen. Während ich noch überlegte, ob sich etwa jemand von dort angesagt und ich es nur vergessen hatte, kam meine Frau.

„Gut, daß du kommst! Im Wohnzimmer sitzt seit zwei Stunden

ein Mann, der weder gesagt hat, wer er ist, noch was er will. Er sieht wie ein Holzhändler aus und raucht wie ein Schlot. Er scheint aber harmlos zu sein, denn Bombe läßt sich von ihm kraulen."

Das war ja eine recht merkwürdige Sache. Bombe hatte mit irgend jemand Freundschaft geschlossen, der nicht mal gesagt hatte, was er wollte und wer er war? Das würde ich jetzt aber gleich herausfinden!

Als ich ins Zimmer trat, warf mir der Unbekannte über seine Brille hinweg einen langen, prüfenden Blick zu, kraulte dann mit der Linken Bombes Behänge weiter und rückte mit der Rechten ein etwas schief hängendes Gehörnbrett zurecht. Er legte seinen kalten, zerknautschten Zigarrenstummel in den randvollen Aschenbecher und deutete auf meine Trophäen: „Zum größten Teil recht gute Hirsche. Einige hätten allerdings ruhig noch ein paar Jahre älter werden können. Aber die Keilerwaffen – meine Hochachtung! Auch der Großteil der Böcke ist nicht schlecht. Das hier ist ja eine prächtige Hündin. Wie heißt sie denn?"

Ich war platt; meine Frau stand in der offenen Tür und besah sich staunend die Szene. Wer mochte nur der merkwürdige Kerl sein? Ich räusperte mich.

„Was kann ich für Sie tun?"

„Sie für mich? Nichts!" Er blickte auf seine Uhr. „Wenn Sie jetzt essen und sich umziehen, können wir pünktlich in Naugard beim Bürgermeister sein, da er dann seinen Laden dort wieder aufgemacht hat. Ich habe uns beide bei ihm angemeldet."

Ich starrte den Besucher sprachlos an und überlegte krampfhaft, ob ich nicht etwa doch in einem Anfall von Bewußtseinsstörung mit ihm eine derartige Absprache getroffen hatte. Es war ausgeschlossen, ich kannte den Mann nicht. Schließlich riß ich mich zusammen: „Wir beide wollen also zum Bürgermeister nach Naugard? Jetzt möchte ich aber zu gern wissen, was wir da wollen? Wer sind Sie eigentlich?"

Unser Besucher tat erstaunt.

„Was, habe ich mich wirklich nicht vorgestellt? Da kann man es wieder mal sehen, wenn man mit seinen Gedanken woanders ist. Meine Name ist Eiselen, und ich bin der Leiter der Forstabteilung in Stettin. In Naugard wollen wir für Sie eine passende Wohnung suchen und auch gleich den Raum für Ihr Büro mieten. Sie sollen nämlich am 1. Oktober die neueingerichtete Bezirksförsterei in Naugard übernehmen. Das Forstamt folgt später nach. Ist jetzt alles klar?"

Gar nichts war klar – absolut nichts! Im Gegenteil. Ich merkte, wie sich meine Gedanken geradezu überschlugen. Außerdem wurden meine Knie weich, und ich mußte mich setzen. Meiner Frau erging es anscheinend ebenso, denn sie sank auf einen anderen Stuhl.

Nur der Besucher blieb die Ruhe selbst. Seine Augen glitzerten vor Freude ob der Wirkung seiner überraschenden Eröffnungen.

„Ich habe Sie aus einem Kreis von Forstmännern ausgesucht, da ich Sie für geeignet halte. Ich kann mir keine Experimente leisten, denn Sie werden der erste Bezirksförster in Pommern. Ihre Berufung erhalten Sie rechtzeitig. Wegen Ihrer Kündigung hier brauchen Sie sich keine Sorgen zu machen. Die Administration hat bereits alles geregelt. Ich glaube auch, daß Ihnen die Schulverhältnisse in Naugard für Ihre heranwachsenden Kinder zusagen werden. Na, ist jetzt alles klar?"

Mein „neuer" Chef leistete sich auch später noch oft solche drastischen Überraschungen, indem er mich einfach vor vollendete Tatsachen stellte.

Wir fanden in Naugard eine Wohnung und den Büroraum, und am 1. Oktober 1935 trat ich meine neue Stellung an. Die Verwaltung stellte mir einen Kraftwagen zur Verfügung, und so konnte ich meine Tätigkeit in fünf Landkreisen aufnehmen.

Meine Waffen allerdings hatte ich gehörig eingeölt und dann weggestellt. Ich würde sie vorerst nicht gebrauchen – dachte ich. Es kam aber anders – ganz anders.

Die Einrichtung der Dienststelle war in Waldbesitzerkreisen und bei den Kollegen sehr bald bekannt geworden. Als einen der ersten Besucher empfing ich dort Oberförster Nolte, den ich bereits als Leiter der Prüfungskommission von früher her kannte. Er war der Forstverwalter eines gräflichen Gutes und bei den Kollegen, die bei ihm durch die Prüfung gegangen waren, als „harter Mann" etwas verschrien. Nachdem seine forstlichen Fragen und Wünsche geklärt waren, lehnte er sich in seinem Sessel zurück und blickte nachdenklich zum Fenster hinaus.

„Sagen Sie, was machen Sie eigentlich sonntags oder in Ihrer Freizeit?"

„Sonntags? Nichts Besonderes, höchstens, daß ich dann mit meiner Familie spazierenfahre oder -gehe. Warum?"

„Das dachte ich mir, da Sie hier bei uns so was wie ein ‚Neuling' sind. Wie wäre es, wenn Sie", er blätterte in seinem Notizbuch, „wenn Sie am kommenden Sonnabend zu mir kämen? Ich muß noch eine ganze Menge Kahlwild abschießen, und dazu brauche ich gute Schützen. Der Ruf eines passionierten Saujägers ist Ihnen ja bereits vorausgegangen. Bringen Sie aber Ihren Drilling mit, da wir dann auch Füchse schießen. Sauen kommen übrigens bei den Treiben meist ebenfalls vor. Na, wie ist es? Einverstanden?"

Ich sagte zu, mußte den Drilling wieder entölen und war am fraglichen Tag um 8 Uhr in Basentin.

Während des ersten Treibens saß ich auf meinem Sitzstock vor einer stärkeren Randkiefer in einem schwachen Kiefernbaumholz, als weit weg einer der beiden mitgenommenen Teckel im Treiben laut wurde. Sofort stand ich auf und war schußfertig. Wenig später tauchte aus einer Senke heraus eine einzelne Sau auf, die mich stichgerade ansteuerte. Dreißig Gänge vor mir verhoffte sie mit abgestellten Tellern und stand spitz. Ich schoß, und sie brach in der Fährte zusammen. Mein rechter Nachbar hob grüßend den Arm. Die Kugel saß zwischen den Lichtern. Der hetzende Teckel hatte inzwischen von dem anderen Gesellschaft bekommen, und, siehe da – Reineke flüchtete mit wehender Lunte auf dem Wechsel des Keilers heran. Als er der Sau mit einer weiten Flucht erschreckt ausbog, trafen ihn meine Schrote. Er floh noch eine Kiefer an und lag. Etwas später waren die beiden kleinen Kerle auch heran und wußten nicht so recht, an wem sie zuerst ihr Mütchen kühlen sollten.

Nach beendetem Treiben warf Nolte mir einen langen Blick zu,

Schwarzwild im Schnee verspricht immer uriges Jagen

Wem Diana hold ist, der kann den Rothirsch in unterschiedlichsten Situationen beobachten

entnahm wortlos dem Rucksack eines Treibers eine Flasche, und aus dieser – immer noch stumm – einen langen Zug. Da ein Glas fehlte, galt auch hier sinnigerweise der Daumen als Maß, was alle reihum zielsicher exerzierten.

Im nächsten Treiben hatte er mich an einer schmalen Wiese am Rande einer großen Dickung auf der Flanke des Treibens angestellt. Nicht, ohne vorher bemerkt zu haben, daß dieser Stand bisher stets gut gewesen sei.

Ich verhielt mich dementsprechend und war auf alles vorbereitet. Als in der Ferne verschwommener Hundelaut und Treiberlärm aufkamen, war ich hellwach. Zunächst erschien links von mir ein recht guter Kronenhirsch, der es sehr eilig hatte, um möglichst schnell aus der lärmvollen Nachbarschaft wegzukommen. Kaum war er verschwunden, da schob sich, kaum zwanzig Gänge entfernt, der hechelnd geöffnete Fang eines Rotrocks aus der Dickung. Reineke äugte mich mißtrauisch an. Ich stand wie ein Pfahl und war froh, daß ich meinen Mantel abgelegt hatte. Was er sonst noch getan hätte, weiß ich nicht. Jedoch wurde die Lage geklärt, als unweit in der Dickung mein Teckelfreund wieder laut wurde. Der Rote sauste wie ein Pfeil in die Wiese hinein, ich schoß, als er in deren Mitte war – er rollte wie ein Hase. Augenblicke später hatte der Hetzende ihn an der Kehle. Auf der Gegenseite des Treibens fielen noch einige Schüsse – dann war es vorbei.

Drei Füchse lagen, doch waren mehrere Sauen durch die Treiber gegangen und für dieses Mal noch mit heilen Schwarten davongekommen.

Bei den folgenden Treiben war ich nur aufmerksamer Zuschauer und -hörer – bis zum letzten des Tages!

Da stand ich mit mehreren anderen Kollegen wieder als Flankenschütze am Rande eines Buchenaltholzes. Die dahinterliegende Grenzdickung wurde parallel zur Grenze getrieben. Gleich nach dem Anhupen entwickelte sich dort erheblicher Lärm der Treiber, die von den beiden Teckeln lautstark sekundiert wurden. Als das Getöse in der Dickung zur Turbulenz anschwoll, fegten zwei Überläufer durch die Buchen an mir vorbei – achtzig Gänge –, genau hinhalten!

Ich beschoß den ersten – er rollte, kam jedoch rutschend wieder hoch. Der andere war abgebogen und preschte jetzt auf mich zu. Auf zehn Gänge fuhr er rechts von mir über das breite Gestell – er schlitterte mit der Brenneke auf dem Blatt in den angrenzenden Graben. Der zuerst Beschossene war inzwischen verendet. Ich saß abends noch lange mit Oberförster Nolte zusammen, nachdem ich vorher noch das guteingerichtete, forsteigene Sägewerk besichtigt hatte. Er war nicht nur ein guter Forstwirt, sondern auch ein versierter Kaufmann. Unser Abschied war herzlich: „Also, Kollege, wie schon gesagt – wenn Sie mit Ihrer Zeit nichts anzufangen wissen, wenn sie in der Nähe sind oder vorbeikommen –, Sie sind mir immer willkommen."

Nun, ich habe mir seine Worte gut gemerkt, denn in der Folgezeit hatte ich stets meinen Drilling und das übrige Zauberzeug im Wagen bei mir.

Die Gemeinde Trutzlatz war im Spätherbst und Winter nur auf einem Umweg über Plathe sicher zu erreichen. Diesen Weg nahm ich dann immer, da ich mich in dem näheren einmal bis über die Achsen im Lehm festgefahren hatte. Trotz Pferdevorspann wurde ich nur sehr schwer wieder flott. Außer mehreren großen Bauern gab es dort auch einen Landwirt C., der über 300 Morgen Wald besaß. C. lud mich sofort zu einem abendlichen Ansitz bei sich ein, als er meine Waffe bemerkte. Wir saßen getrennt an, jedoch hatte jeder in den benachbarten Dickungen Sauen gehört, die aber bei Licht nicht mehr herauskamen. Dafür besuchten wir noch den Bauern Klünder, der, als Jagdpächter der Gemeinde, an den Besitz des C. angrenzte. Klünder hörte sich unsere Schilderungen über die Erlebnisse vom Abend stumm und mit Interesse an, meinte: „Ich kenne das zur Genüge; man denkt, jetzt kommen sie endlich – dann sind sie jedoch wieder weg und kommen ganz woanders oder gar nicht. Sie werden hier ja noch mehrere Wochen lang mit Ihren Waldaufnahmen beschäftigt sein. Wenn Sie Lust und Zeit haben, können Sie sich auch bei mir so oft und so lange auf Sauen ansetzen, wie sie wollen. Noch lieber wäre es mir allerdings, wenn Sie mich jetzt beim Abschuß des Rotwildes unterstützen würden. Ich habe noch die beiden B-Hirsche und mehrere

Stücke Kahlwild frei und leider selbst nur wenig Zeit. Die Schonzeit rückt bedenklich näher."

Das war zwar ein anderes Kapitel, denn Rotwild würde, bei der Unruhe durch den winterlichen Holzeinschlag im Walde, nur spät aus dem benachbarten Staatsforst Rothenfier oder aus dem Gutsforst Zimmerhausen austreten. Ob es aber dann noch anzusprechen war?

Wir setzten uns gleich am nächsten Samstag nachmittags in der Nähe der Staatsforst an, hatten aber nur geringe Erfolgsaussichten, da sich bald das bisherige Schneetreiben zu einem Schneesturm entwickelte. Ich war daher nicht überrascht, als Klünder mich abholte, obwohl noch Büchsenlicht war. Die Sicht war durch den dichten Flockenfall so schlecht, daß man kaum zwanzig Meter weit sehen konnte. Es ging sich gut in dem lockeren Schnee im Wald, doch auf dem freien Feld packte uns der Sturm mit aller Macht von der Seite.

Der alte Herr kam bald außer Puste; ich faßte ihn deshalb unter und war froh, als wir ein kleines Feldgehölz erreichten, in dessen Schutz er sich wieder erholen konnte. Hier im Überwind war es eigentlich recht gemütlich, so daß ich mir eine Zigarette anbrannte. Mein Begleiter war auch sehr bald wieder mit seinem Atem in Ordnung.

„Donnerwetter, der Sturm preßte einem ja das letzte Restchen Luft aus den Lungen! Wir gehen jetzt am besten querbeet über den Acker und drüben wieder in den Wald hinein. Dort ist es doch wesentlich gemütlicher." Er lachte.

Ich war einverstanden, obwohl mir schien, daß der Sturm jetzt etwas nachgelassen hatte und auch die Flocken nicht mehr ganz so dicht wie bisher fielen. Tatsächlich, man konnte rechts wieder undeutlich den Waldrand und vor uns wohl hundert Meter weit ins Feld hinaus sehen. Über uns in den Baumkronen heulte aber immer noch laut genug der Wind. Es begann auch dunkel zu werden. Bevor wir uns auf den Weg machten, nahm ich mein Doppelglas unter dem Mantel hervor und wagte einen Blick geradeaus.

„Augenblick noch, Herr Klünder, was ist denn das für ein schwarzes Ding da vor uns?"

Ohne sein Glas zu nehmen, ja, ohne sich auch nur umzudrehen, meinte er: „Das da? Das ist eine Mähmaschine. Die steht schon seit der Ernte dort, und ihr Besitzer meint wohl, daß sie hier draußen besser als im Schuppen steht. Jedenfalls nimmt sie ihm hier keinen Platz weg. Los, jetzt wollen wir aber weiter, denn es schneit wieder doller."

Eine so schwarze Mähmaschine? Ich hielt den bereits Heimstrebenden nochmals zurück. „Haben Sie was dagegen, wenn ich mir die Mähmaschine mal näher anschaue? Wir können uns oben im Wald an der Einmündung des Weges von Zimmerhausen treffen. Oder auch bei Ihnen zu Haus."

„Meinetwegen! Lassen Sie sich ruhig noch etwas vom Sturm durchpusten. Ich gehe jedenfalls rüber zum Wald. Sie können mir nachher ja sagen, ob nur der Rost das alte Ding da noch zusammenhält. Wir treffen uns aber nachher im Gasthaus. Ein paar heiße Grogs werden auch Ihnen gut tun." Ab ging er und war bald im Flockenwirbel verschwunden.

Ich knöpfte das Glas wieder unter, überzeugte mich, ob der Mündungsschoner und die Fernrohrkappen richtig saßen, dann schob ich mich in den Sturm hinaus.

Heißa, heißa! Der meinte es aber gut. Durch verschiedene Schneewehen kam ich kaum durch. Plötzlich sah ich den schwarzen Klumpen genau vor mir – es war tatsächlich die neben dem Weg stehende Mähmaschine! So, jetzt nach dem Reinfall auch rechtsum und dann möglichst schnell in den Wald hinein! Kaum hatte ich abgedreht, da hörte ich halblinks hinter mir ein Geräusch. Was es war, hätte ich bei dem Sturm nicht sagen können; ich machte jedoch kehrt und schob mich langsam schräg gegen den Wind vor.

Zwanzig Schritte, jetzt dreißig – da tauchte in dem waagerecht dahinziehenden Schneevorhang vor mir wieder ein undeutlicher, schwarzer Klumpen auf – eine Sau. Sofort ging ich einige Schritte zurück und dann, mit dem Rücken gegen den Wind, seitlich an ihm vorbei. Wenn ich bei dem geringen Licht und bei dem Schneefall überhaupt noch schießen konnte, dann nur von hier aus, da der Schnee das Zielfernrohr verklebt hätte.

Ich setzte mich, machte mich fertig, stützte die Ellenbogen auf die Knie fest auf, nahm jedoch die vordere Fernrohrkappe erst ab, als sich die starke Sau breitstellte. Im Schuß harter Kugelschlag – dann saß ich allein auf weiter Flur.

Die Fährten waren trotz der Dunkelheit leidlich zu halten. Doch was bedeuteten die langen Striche, die zwischen und neben diesen standen? Sollte der Keiler etwa einen Laufschuß haben? Mir wurde bei dem Gedanken heiß, denn inzwischen war ich weit über hundert Meter den Fluchtfährten gefolgt. Plötzlich bogen sie nach links ab, und nach weiteren vierzig Gängen hatte ich den langen, schwarzen Klumpen vor mir.

Donnerschlitzchen, war das ein Keiler!

Das Herz war zu Grus zersprengt, und mit dem Schuß war der Basse noch über hundertfünfzig Meter weit gegangen.

Ich hatte ihn aufgebrochen, bekam das Schloß ohne Säge aber nicht auf und war eine halbe Stunde später im Gasthof. Sofort brachte der Wirt einen heißen Grog, während mich Klünder lächelnd betrachtete. Außerdem waren anscheinend auch alle männlichen Bewohner des Ortes anwesend.

„Na, Herr Hoffmann, haben Sie sich die Mähmaschine richtig angeschaut? Sagen Sie meinem Nachbarn hier, was von dem verrotteten Ding noch übrig ist."

„An der Mähmaschine hatte ich kein Interesse. Dagegen um so mehr an einem Wühlgrubber, der noch recht gut zu gebrauchen ist."

„Wühlgrubber? Wo steht denn da noch ein Wühlgrubber?"
Keiner der Anwesenden wußte es, wobei eine recht lebhafte Aussprache entstand.

„Na ja, normalerweise nennt man ihn anders. Aber seine guten 150 kg dürfte er doch haben."

Endlich hatte der Jagdpächter begriffen und sprang auf:

„Was, haben Sie etwa den starken Keiler erwischt? Na, da werden Ihre Kollegen vom Staat und viele andere auch nicht gerade übermäßig erbaut sein und ihre Flaggen auf ‚Halbmast' setzen. Emil, bring dem Sautöter hier noch einen Grog. Wer von euch Burschen will den Keiler einholen?"

Fünf junge Männer meldeten sich und fuhren ab, nachdem ich

ihnen die Lage des Bassen beschrieben hatte. Eine Stunde darrauf war er ein allseits bewundertes Schauobjekt und die Ursache zahlreicher, zum Teil recht treffender Kommentare. Allein das Gewaff war sehenswert.

Es wurde an dem Abend sehr spät, bevor ich ins Bett kam, und ich konnte erst am übernächsten Tag heimfahren, da alle Straßen restlos verweht waren. –

Nur wenig mehr als drei Jahre war ich in Naugard, da erlebte ich durch meinen Chef eine neue Überraschung.

Gelegentlich einer Dienstreise kreuzte er morgens unerwartet bei uns auf und saß stumm und rauchend im Wohnzimmer. Längere Zeit saß er so, dabei glitten seine Blicke jedoch aufmerksam über die Wände. Schließlich legte er seine Zigarre weg: „Wie ich sehe, sind Sie in jagdlicher Hinsicht in den letzten Jahren auch nicht gerade untätig gewesen. Besonders mit starken Keilern scheinen Sie irgendwie schnell in Kontakt zu kommen", er wandte sich an meine Frau: „Sagen Sie, Frau Hoffmann, wie hat es Ihnen hier gefallen?"

Meine Frau sagte ihm, daß es ihr immer sehr gut gefallen habe; auch den Kindern. Er nahm seine Zigarre und blies eine Rauchwolke gegen die Zimmerdecke und deutete auf die Keilerwaffen.

„Und Sie? Sie haben sich hier bestimmt doch auch wohl gefühlt."

Jetzt war ich dran!

„Das stimmt genau, besonders jetzt, da meine Aufnahmen nahezu beendet und nur noch die Kontrollen der angeratenen Maßnahmen nötig sind. Ich werde also vermutlich noch mehr Zeit haben, um, wie Sie sagten, Kontakte mit derartigen alten Herren weiter zu suchen und zu pflegen."

„Tchä, er drückte seinen Stummel aus und blickte mich aus den Augenwinkeln heraus an, „das dürfte ein Trugschluß Ihrerseits sein. Ihre Kontakte können Sie so oft und so lange suchen, wie Sie wollen – nur hier nicht mehr lange."

Er suchte sich eine neue Zigarre aus seinem Etui aus und brannte sie umständlich an. Endlich schien sie gut genug zu brennen – mein Nacken kribbelte und brannte jetzt aber auch.

„Herr Landforstmeister – bei allem Respekt –, was soll das bedeuten? Wenn Sie mich jetzt etwa versetzen wollen, mache ich so leicht nicht mit. Sie selbst haben mir seinerzeit zugesagt, daß ich hier die erforderlichen Arbeiten durchführen und die Bezirksförsterei einrichten soll und daß ich dann hier auch – und zwar nur hier beim Forstamt – bleiben werde."

„Richtig! Genau das habe ich Ihnen zugesagt. Inzwischen hat sich in Vorpommern aber einiges geändert. Forstmeister S. ist pensioniert! Das Forstamt wurde kürzlich von Stralsund nach Greifswald verlegt, und wird jetzt von Forstmeister Schellinger geleitet. Sie sollen daher nach Stralsund und dort weiterarbeiten", er schwieg und kramte in seiner Aktentasche, „wo habe ich denn den Schrieb gelassen? Ah, hier – bitte."

Das Schreiben war von ihm unterzeichnet. Es besagte kurz und bündig, daß ich ab 1. Januar 1939 nach Stralsund versetzt sei und daß ich dort die neue Bezirksoberförsterei zu übernehmen habe. Basta!

„Na, haben Sie Ihren Schreck überwunden? Oder wollen Sie etwa nicht Oberförster werden?"

„Was heißt hier Schreck? Ich bin nicht nur mit meiner Arbeit fertig, sondern ich habe mich hier auch ganz nett eingelebt", jetzt zeigte ich auf die Trophäen, „und was wird in Vorpommern mit der Jagd auch schon groß los sein? Vermutlich gar nichts."

Der Chef blickte mich erstaunt an: „Was denn? Sie glauben doch nicht etwa im Ernst, daß es da nur Mücken, Karnickel und allenfalls ein paar Enten und Gänse gibt." Er überlegte nur kurz: „Haben Sie einen unserer Kopfbogen hier?"

Ich gab ihm einen.

Minuten später hatte ich seine neueste Verfügung in Händen, nach der er mich zu einer mehrtägigen Dienstreise nach Vorpommern abholen werde, damit ich mich in meinem neuen Dienstbezirk mit den Verhältnissen informatorisch vertraut machen könne. Seine vorgesehene Dienstreise mußte abgesagt werden.

Als ich nach acht Tagen in Stettin am Bahnhof ausstieg, nachdem ich während der Zeit den Fahrer gemacht hatte, meinte er:

„Na, Sie ungläubiger Thomas, haben Sie jetzt Ihre Meinung wenigstens geändert?"

Ich hatte sie von Grund auf ändern müssen, da wir allein auf einer Fahrt durch den Besitz des Grafen Solms in Schlemmin über 120 Stücke Rotwild – Hirsche – Kahlwild – alle wahllos durch- und beieinander – gesehen hatten. Der Abschied von Naugard fiel mir jetzt nicht mehr ganz so schwer.

Der Chef hat immer recht

Am 2. Januar bestieg ich meinen Wagen und startete gen Stralsund. Die Fahrt bei den vereisten und durchweg glatten Straßen war nur mäßig reizvoll. Natürlich hatte ich mein gesamtes Zauberzeug mit.

Bereits einige Tage später teilte mir der Sekretär auf dem Forstamt mit, daß mich der Landwirt Vahl aus Lubmin in einer äußerst dringenden Angelegenheit zu sprechen wünsche. Ich fuhr also gleich nach Lubmin. Dort fand ich die Gebrüder Vahl einträchtig beisammen: Ewald, den Älteren – Dicken –, und Lothar, den Jüngeren, den Schweigsamen.

Trotzdem fand ich bald heraus, daß letzterer eine Scheune und einen Stall bauen wollte, das notwendige und passende Holz dafür aber allein nicht recht auszeichnen konnte. Wo man jetzt dafür doch einen Oberförster hatte! Da ich das auch fand, drückte ich dem Baulustigen einen zweiten Reißhaken in die zögernde Hand, und nach einer halben Stunde hatten wir gemeinsam sowohl das Bauholz als auch seinen Brennholzbedarf für mehrere Jahre angezeichnet.

Unterwegs erfuhr ich, daß Lothar nicht nur die Gemeindejagd, sondern auch die 300 Hektar Wald seines Bruders mit angepachtet hatte, wozu noch sein eigener Besitz von 750 Morgen hinzukam. Auch ich fand, daß eine Jagd von 6000 Morgen groß genug sei und daß man sich dort die Beine auch genügend vertreten könne. Sehr viel mehr war über Jagd nicht gesprochen worden.

Ewald, der Dicke, hatte dann aber auch noch etwas auf dem Herzen – er wollte mir seinen eigenen Wald schnell mal zeigen. Also fuhren wir weiter.

Doch bald begann ich zu staunen – staunte immer mehr. Rechts und links von den Wegen, kurz, fast überall stand altes und frisches Gebräch der Sauen. Ein Wechsel folgte dem andern, und zwischendurch querten Fährten einzelner Stücke den Weg. Schließlich hielt ich es einfach nicht mehr aus und wandte mich deshalb an den Schweigsamen: „Verehrter Herr Vahl, ich denke, Sie sind hier der Jagdpächter. Schießen Sie denn überhaupt keine Sauen?"

„Natürlich, gern; sehr gern sogar! Wenn ich es nur könnte. Ich fühle mich gesundheitlich leider nicht so, daß ich hier draußen auch noch lange frieren kann. Aber wenn Sie ...", er schwieg verlegen.

Der Dicke half ihm: „Mein Bruder meint, ob Sie nicht wohl so nett wären und hier etwas abhelfen könnten? Wahrscheinlich auch deswegen, da Sie doch jetzt unser Oberförster sind und Sie sich bestimmt auch ein Bild davon machen können, wie im Frühjahr und Sommer unsere Äcker und Felder aussehen werden."

Ich war sprachlos; jedoch nicht lange!

Ewald drehte sich auf dem Kutschersitz um und sagte triumphierend: „Nun, Lothar, da hatte Rusch (der Sekretär) doch Recht, als er sagte: ,das bißchen wird Herr Hoffmann schon machen'."

Dann wandte er sich an mich: „Jetzt werden wir Ihnen noch etwas zeigen, worüber Sie mit Recht staunen können."

Wir verließen den Wald, querten eine mit Wacholder dicht bestandene Heidefläche und bogen vor einem riesigen Wiesengelände in einen kusseligen, astigen Kiefernbestand ein. Am Rande verhielt unser Kutscher: „Ich zeige Ihnen eine Wiese, wo ich im Herbst mein ganzes Kaff und alle Spreu zum Abdüngen hingefahren habe. Fünf große Haufen, die für die Wiese gut gereicht hätten."

Von den Kaffhaufen war nichts mehr zu sehen. Dafür hob sich

die schwarz-braune, um und umgebrochene Wiese von dem verschneiten übrigen Gelände scharf ab. Ich staunte nicht mehr, sondern sprang vom Wagen und umschlug das Kaffgelände. Was ich sah, sagte mir genug.

Die Brüder sahen mir erwartungsvoll entgegen.

„Sehr schön! Mehr kann man eigentlich hier nicht verlangen. Wenn an der Ecke dort jetzt noch ein Hochsitz stünde, wäre die Sache komplett. Wo kommen die Sauen eigentlich hauptsächlich her?"

Ich erfuhr von dem Dicken, daß sie von überall herkommen könnten, doch dann schaltete sich Lothar ein: „Sie meinen also, daß dort an die Spitze von den Kiefern ein Hochsitz hin muß – gut! Stangen, Bretter und Rohr habe ich, und du, Ewald, borgst mir deinen Stellmacher – um drei Uhr steht da ein Hochsitz, wenn auch vorerst noch ohne Dach. Los, Ewald, gib den Pferden die Peitsche, wir müssen heim."

Sieh mal an, der Schweigsame konnte, wenn es sein mußte, auch in Fahrt geraten.

Um ¹/₂4 Uhr bestiegen wir den Jagdwagen. Lothar fuhr mich persönlich zum neuen Hochstand. Unterwegs begegneten wir den fünf heimkehrenden Hochsitzbauern. Die Wagen hielten.

„So, Chef, wi glöwen, dat hei orntlich un fast steiht. Nu mokt man aur Sach ok gaut!"

Der Sitz war wirklich tadellos; stabil, mit Rohr fest verblendet, die Rückenlehne passend. Die Leiter war anscheinend dem Inventar des Hofes entnommen.

Der Schweigsame versprach noch, mich um ¹/₂7 Uhr vom Lokal „Waldesruh" abzuholen, dann fuhr er ab.

Als ich gut verpackt oben saß, mußte ich unwillkürlich lachen: Jetzt war ich nun gerade eine Woche hier, und schon hatte ich den geladenen Drilling wieder neben mir stehen. In diesem Falle hätte ich die „Hilferufe" meiner neuen Jagdbekannten auch kaum überhören dürfen.

Auf dem Bodden tuckerte noch eine Zeitlang ein Bootsmotor, und einmal ertönte kurz und von weit her das Nebelhorn eines Dampfers, dann war alles still. Die Sonne stand noch über den Baumkronen der Freesendorfer Dickung – da kam ich ins Grübeln. Was mochten wohl gerade jetzt die Meinen in Naugard machen?

Das Knacken hatte ich bereits vorher schon vernommen, doch war es mir nicht bis ins Bewußtsein gedrungen. Als es jedoch abermals vor mir brach, fand ich in die Wirklichkeit zurück.

Kaum lag der Drilling eingestochen auf der Brüstung, da kamen auch schon fünf Überläufer aus dem Bestand heraus und im „Saugalopp" über die Wiese. Sie brachen in dem Kaff am Rande und hoben sich wie schwarze Zielscheiben vor dem weißen Hintergrund ab.

Den zweiten von links!

Im Schuß brach er zusammen; die anderen rollten wie schwarze Kugeln in ihre Heimat zurück.

Meine Zigarette brannte, und sinnend horchte ich auf das lauter werdende Blubbern eines Fischerbootes.

Hinter mir klirrte Koppeldraht!

Den „Seelentröster" gegen den Drilling tauschen war eins. Auf vierzig Gänge zogen sie an mir vorüber – neun starke, feiste Überläufer.

Jetzt den dritten!

Ich ließ ihn in das Fadenkreuz hineinziehen und schoß, bevor er im Kaffgemengsel verschwand. Er machte nur einige Fluchten und lag etwas hinter „Nummer eins".

Wieder sausten die übrigen Säulein zurück – der Draht hinter mir sang nur so.

Was? Erst fünfzehn Minuten vor fünf? Na, das konnte ja noch gut werden. Und es wurde noch gut!

Fünf Minuten später zogen eine tiefschwarze Bache, fünf Frischlinge und zwei Überläufer dort vom Holze, wo die ersten fünf Schwarzen auch gekommen waren. Dieses Mal sollte es ein Frischling sein. Daraus wurde aber nichts, denn ein weiterer Überläufer erschien auf dem Wechsel. Oha, der schonte ja den linken Vorderlauf! Weder die Bache noch die anderen Sauen hatten von den beiden Gestreckten auch nur die geringste Notiz genommen, obwohl sie dicht an ihnen vorbeirollten.

Als der Laufkranke schön breit stand, schoß ich. Auch er lag, hob noch einmal den Wurf, klagte kurz und schrill und war verendet.

Zwanzig Minuten nach fünf Uhr schloß ich gedankenvoll die Klappe meiner Patronentasche und steckte sie weg. Die fünf Kugelpatronen, die ich eingesteckt hatte, waren verschossen – vier Überläufer und ein Frischling lagen. Wenn Papa Eiselen das erfahren sollte, konnte ich mir seine Hänseleien gut genug vorstellen. Ich schleppte die Sauen unter den Sitz und geriet dabei ganz schön in Dampf. Das Geräusch hing ich auf die Leiter. Mit den Decken und dem Fußsack verstänkerte ich sie. Man konnte ja nicht wissen!

In der Gaststätte herrschte Hochbetrieb – sogar der Dicke war mitgekommen, um mich abzuholen.

Der Schweigsame zeigte auf den Stuhl neben sich: „Glühwein oder Grog? Wohl nichts losgewesen? Sehr gefroren?"

„Wenn überhaupt etwas, dann einen Grog, bitte." Ich setzte mich, und schob ihm mein leeres Patronenetui zu. Er betrachtete es ratlos, da er es nachmittags gefüllt in der Hand gehabt hatte.

Die Tanzmusik im Nebenraum verstummte, und vor dem Lokal entstand ein Tumult. Der Wagen mit den Sauen rollte an. Als der aufgekratzte Schweigsame auf einer sauberen und freien Schneefläche auch noch Strecke legen und diese anstrahlen ließ, dauerte es lange, bis sich alle „Winterfrischlinge" der Pension wieder beruhigt hatten. Mir taten noch acht Tage lang der rechte Arm und die Schulter weh, so sehr hatte ich die Damen herumschwenken müssen, da die Musik viel zu oft „Damenwahl" verkündete.

Am nächsten Morgen säuberte ich meinen Wagen vom frisch gefallenen Schnee. Lothar, noch schweigsamer und recht käsig anzusehen, schaute mir zu. Nach dem Kaffee waren alle jedoch wieder im Lot. Dann kam der Abschied, wozu sich der Dicke auch eingefunden hatte.

„Herr Hoffmann, ich möchte mit Ihnen jetzt noch gern eine Abmachung treffen. Sie haben bei mir ab sofort freie Büchse und die Zusicherung, daß künftig niemand ohne Ihr Wissen und Ihre Zustimmung hier am Zünglein rührt. Da Sie sonnabends und sonntags vorläufig auch genügend Zeit haben, bekommen Sie hier bei uns bestimmt keine Langeweile. Na, wie ist es?"

Das war ein Angebot!

Das fand auch der Kollege auf dem Forstamt, der kopfschüttelnd meinte: „So 'n Schwein möchte ich auch mal haben."

Mitte Juli „verwaiste" dann plötzlich und unerwartet das Forstamt, da der Forstmeister zum Militär ging. Er wollte angeblich, wie gesagt wurde, als ehemaliger Hauptmann an irgend so einer Übung teilnehmen.

Ich sollte ihn erst fünf Jahre später wiedersehen.

Einige Wochen später wurde mir die kommissarische Leitung des Forstamtes übertragen. Der Schweigsame rief mich an jedem meiner Bürotage an und erstattete stets eingehenden Bericht, was sich bei ihm tat. Als er Anfang August jedoch hinter mir her telefonierte und mich im Kreis Grimmen schließlich erreichte und an der Strippe hatte, wußte ich sofort, daß sich etwas Besonderes ereignet haben mußte.

Mit düsterem Wortklang schilderte er, daß in den noch stehenden Weizen und in sein Erbsengemenge die Sauen überfallartig und in solchen Mengen eingebrochen seien, daß er seit zwei Nächten dort Wildscheucher angestellt habe. Was er machen solle und ob ich nicht außer der Reihe kommen könne?

Ich fuhr am Spätnachmittag zu ihm, wo ich nicht nur ihn, sondern auch die beiden nächtlichen Sauhirten auf dem Hof antraf.

Julius, ein listig blickender alter Landarbeiter, ergriff auf einen Wink des Schweigsamen das Wort, nachdem er sehr gekonnt und treffsicher einem vorwitzigen Erpel seinen Priem auf den Kopf gespuckt hatte: „Wissen Sie, Herr, das mit den Schwien is sone Sache für sich. Da hört man se ganz dicht vor sich, sieht aber in dem Weizen nischt, da es ja Nacht is. Wenn man denn rin geht, macht es – husch, un schon fretens an ner annern Stelle. Gestern har ich nu min ‚Mohrchen' mit, wat min Hund ist. Wat sall ich Sei seggen, hei, rin in de Weizen und schon harn ehm twei Mutterschwien bim Wickel. Wenn ich ehm nich to Hülp komen wär, härn ehm de Ludern noch upfreten. Nu liegt hei to Hus, kann nich lopen un zittert, wenn bloß im Stall en Schwien quiekt. Ne, Herr, ich will leiwerst von morgens bis owens Steen kloppen, as Schwien wegjogen."

Ich erfuhr von dem Schweigsamen noch, daß Mohrchen ein bissiger Schäferhund war und daß er den sonst friedlichen Julius noch nie so aufgebracht, wie gerade an diesem Morgen, gesehen habe.

Gleich nach dem zeitigen Abendessen fuhren wir ab. Dieses Mal nahm ich, der Sauinvasion wegen, sogar eine ganze Schachtel voll Patronen mit. Lothar hatte vorsorglich einen Hochsitz verblenden lassen, der vom Waldrand aus den Weizen teilweise beherrschte. Außerdem auch den Weizen, in Sichtweite jedenfalls, breit genug anmähen lassen, da ich die ganze Nacht auf ihm verbringen wollte und so besseres Schußfeld haben würde. Es war völlig windstill, der Himmel tiefblau, und mit der Nacht kamen die Sterne. Wer aber nicht kam – das waren die Sauen. Gegen 1 Uhr spürte ich bereits, daß das Sitzbrett mittlerweile doch erbärmlich hart wurde. Nur einmal schreckte ich auf, als es in den Fichten hinter mir raschelte. Es wird wohl ein alter, fallender Zapfen gewesen sein.

Längst benutzte ich auch mein gutes Doppelglas nicht mehr, sondern verließ mich ganz auf mein Gehör. Die Zigaretten schmeckten schlecht. Meine Zunge kam mir schon vom vielen Rauchen wie ein dicker, weicher Lederlappen vor. Ich war wirklich froh, als sich am Osthimmel ein grün-blauer Schimmer zeigte – bald war ich erlöst. Jedenfalls hätte ich lieber im Bett gelegen als auf etwas zu warten, das ja doch nicht kam. 3 Uhr 30 – es war einfach zum Mäusemelken –, gestern hatten die Schwarzen den braven Julius noch gehörig in Rage gebracht, und heute war keine Borste zu sehen.

Als dann jedoch vor mir im Feld ein Reh schreckte und auch noch schreckend absprang, stieg mein Hoffnungsbarometer sofort sprunghaft an. Mit wenigen Griffen überzeugte ich mich, ob der Drilling klar war. Ich nahm das Glas und leuchtete vor mir die Höhe des Hanges ab – bald würde ich auch durch das Zielfernrohr sehen können. Mehrere Minuten mochten vergangen sein, als ich oben auf der Kuppe gegen den Morgenhimmel eine Bewegung sah. Sofort legte ich die Arme fest auf die Brüstung – das waren ja, das waren, bei allen guten Geistern, zwei Geweihstangen. Bevor ich mehr sehen konnte, zog der Hirsch mit tiefgesenktem Haupt bereits den Hang herab. Jetzt überschlugen sich meine Gedanken – was mochte es für ein Hirsch sein, hatte er gefegt und würde er so lange im Weizen verbleiben, bis ich ihn angesprochen hatte?

Links hinter mir gab es einen lauten Knall, dann brachen Äste und schon hörte ich das gleichmäßig-schnelle – tapp – tapp – tapp – trollender Sauen neben mir im Bestand.

Jetzt, ausgerechnet im unpassendsten Augenblick, waren sie da! Der Hirsch warf auf und sicherte. Das laute Knatschen neben mir im Weizen konnte mich nur wenig begeistern. Nicht mal einen Blick hatte ich ihnen gegönnt, als sie die Stoppeln raschelnd durchquerten.

Der Hirsch sicherte immer noch – gleich würde er rechts oder nach links abbiegen und dann verschwunden sein. –

Doch nahm er das Haupt wieder herab, und mir fiel der bekannte Stein vom Herzen. Nur fünf Minuten brauchte er noch auszuhalten und etwas näher zu ziehen, dann konnte ich ihn ansprechen. Nur noch fünf Minuten, nachdem ich über neun Stunden gewartet hatte!

Wieder knackte es links von mir, und wieder warf der Geweihte auf. Als die Stoppeln raschelten, wagte ich einen kurzen Blick nach dorthin – eine einzelne, stärkere Sau zog über die Sechsmeterschneise; sie verschwand im Weizen.

Der Hirsch senkte wieder das Haupt, bog aber etwas nach rechts ab. Nur durch den gelben Hintergrund konnte ich ihn in etwa ansprechen: kurze, aber starke, knuffige Stangen, Aug- ja, Eis- und Mittelsprosse und, ja, jetzt sah ich es genau, drei Enden in der Krone.

Alle Aufregung war umsonst gewesen, es war ein A-Hirsch, für mich tabu. Ich lehnte mich zurück und holte tief Luft. Das wäre was geworden!

Jetzt aber nichts wie ran an die Sauen! Noch einmal nahm ich das Glas – es war und blieb ein Kronenhirsch. Doch jetzt äugte er etwas nach links und den Hang hinauf, da durchfuhr es mich wie ein Schreck – die linke Stange war nur gegabelt. Sekunden später wußte ich, daß ich mich nicht geirrt hatte. Der Hirsch hatte nur rechts eine Krone.

Als der Rückstecher klickte, hielt ich die Luft an. Links knatschten die Sauen jedoch unbeirrt weiter, und halbrechts vor mir steckte der Hirsch seinen Äser in die Ähren.

Durch das Zielfernrohr sah ich ihn längst nicht so gut und so klar wie vorher mit dem 8×56er Doppelglas. Obwohl ich bereits schießen konnte, zögerte ich, weil ich ihn eben noch besser sehen wollte. Doch dann gab ich mir einen innerlichen Ruck.

Neunzig Meter, etwas über die Ähren hinweg – das waren meine letzten Gedanken, dann peitschte der Schuß durch die Morgenstille. Kugelschlag!

Der Hirsch kam mir nach einer Riesenflucht aus dem Fernrohr, war gleich am Getreiderand und etwas später in dem Fichtenstreifen.

Stille – nachdem sich der Widerhall des Schusses vorher mehrmals an den entfernten, ansteigenden Beständen gebrochen hatte.

Donnerwetter – ich hatte ja nur das Echo und das Rauschen des Getreides beim Hirsch vernommen! Wo waren denn die Sauen geblieben?

Ich war aufgestanden und lud so leise nach, daß selbst ich kein Geräusch davon hörte. Auf fünfunddreißig Meter stand dort, wo er in den Weizen hinein war, der Keiler. Er war zum größten Teil von Ähren verdeckt, so daß ich den Wildkörper nur ahnen konnte. Sollte ich das Fernrohr abnehmen, um auch flüchtig schießen zu können? Hell genug war es inzwischen auch geworden. Nein, das ging nicht, denn auch das leiseste Geräusch konnte der Schlaumeier da noch vernehmen. Deswegen hatte ich ja auch noch nicht gestochen.

Fünf Minuten stand er noch so, dann tat der Schwarze einen lauten, unanständigen Rülpser, drehte bei und zog, nur zehn Schritte vom Weizenrand entfernt, fast lautlos an ihm entlang. Sofort stach ich ein.

Er hatte dieses Mal jedoch die falsche Seite gewählt – denn langsam kam er näher. Immer weniger deckten ihn die leise rauschenden Halme, bis ich ihn von oben herab fast völlig frei hatte. Jetzt!

Das Echo des Schusses war kaum verhallt, da flitzten auf hun-

Ob Sommer oder Winter – der Fuchs ist ständig hinter Mäusen her

Bei Gefahr drückt sich der Hase, während das Rehwild sichert oder abspringt

dert Meter sechs Überläufer aus dem Weizen heraus und verschwanden prasselnd im Holz. Als es dort wieder still geworden war, ruhten auch die bis dahin schlagenden Läufe vor mir im Weizen.

So, großer Schweiger, das war es wieder einmal! Seit Jahren stand in seinem Abschußplan nämlich ein B-Hirsch, aber er stand bisher eben nur auf dem Plan. Was der wohl für Augen machen würde ...

Ich baumte ab und besah mir den Keiler. Er war dreijährig; die Kugel saß hoch auf dem Blatt.

Dreißig Kniebeugen und etliche Luftsprünge brachten die steif gewordenen Gelenke wieder in Bewegung, denn ich kam mir nach der Nacht auf dem Hochsitz wie eine lahme Ente vor. Die Schinkenbrote von Frau Lotte mundeten jetzt prächtig, genauso wie der noch lauwarme Kaffee aus der Thermosflasche. Sogar die Zigarette schmeckte wieder; ebenso eine weitere. Dann zog ich den Keiler aus dem Weizen und brach ihn auf.

Gleich 6 Uhr! Jetzt wurde es Zeit zur Nachsuche.

Ich hatte mir die Weizengarbe gemerkt, die dort lag, wo der Hirsch aus dem Weizen heraus war. Obwohl ich mir Mut zugesprochen hatte, bekam ich doch sofort wieder Bammel, als ich den Schweiß sah. Die starken Stangen ließen mir so lange keine Ruhe, bis ich sehen würde, daß sie völlig frei von Bast waren.

Die gute Schweißfährte konnte ich leicht halten, doch dann sah ich vom Fichtenrand aus auch schon den Hirsch im Gehölz liegen. Ich nahm das Glas – die Stangen waren blank, tiefbraun und stark. Alles an dem Hirsch war richtig, auch der Sitz der Kugel. Ich lüftete ihn nur und brach die Haken heraus, denn jetzt mußte ich schnell zum Hof, bevor alle Männer zur Ernte auf dem Feld waren. Trotzdem kam ich zu spät, denn nur Julius schlürfte mißgestimmt um die Hausecke.

„Na, häwe sei wat?" Ich hob die Schultern.

„Ok dat noch! Ich glöw, dat min Mohrchen doch noch kaputtgeht. Son Schiet."

Mohrchen ging übrigens nicht „kaputt", bekam aber stets Angstzustände, sobald irgendwo im Dorf ein Schwein auch nur schrie.

Lothar frühstückte, Frau Lotte holte sofort eine Tasse für mich, doch zeigte der Schweigsame auf meine roten Hände. Ich ging, um sie zu waschen.

„Na?"

„Nicht viel! Nur einen Keiler. Dein Julius hat mit seinem Mohrchen die Gegend anscheinend doch recht sauber gefegt. Wenn ich allerdings noch etwas gewartet hätte, wäre vielleicht noch ein Überläufer auf der Strecke geblieben. Sechs trieben sich noch im Weizen herum."

Das stimmte zwar nicht alles, doch warum sollte ich ihn nach einer gut verbrachten Nacht nicht etwas ärgern.

„Soo – und warum hast du nicht gewartet?"

„Mir war's über. Einfach über. Nur deshalb."

„Na, na, dir und über!"

Als er sich nach der Kaffeekanne umdrehte, legte ich ihm schnell die Grandeln neben den Teller.

Wer über sie, und später über den Hirsch, mehr erstaunt war – er oder seine Frau – weiß ich nicht mehr.

Des einen Leid – des anderen Freud'

Hatte ich bisher nur die Beratungsreviere des Dienstbezirkes besucht, so änderte sich das mit Ausbruch des Krieges. Jetzt mußte ich auch notgedrungen die übrigen 120 Reviere des Forstamtes aufsuchen, um mir einen genauen Überblick über deren Zustand zu machen. Das geschah reibungslos, da viele Waldbesitzer von sich aus um eine Besichtigung baten. Viel Zeit gehörte allerdings auch dazu.

Mitte Oktober fand ich unter anderen ähnlichen auf dem Amt auch ein solches Schreiben vor, das aus Karbow kam. Über Karbow wußten wir außer der Reviergröße nur, daß der Besitzer ein Ausländer war, der in der Schweiz lebte, und daß der dortige Forstbeamte Dieckmann hieß. Der Inhalt des Briefes klang recht dringlich, so daß ich mich kurzfristig bei Dieckmann anmeldete. Vor dem Forsthaus erwartete mich eine alte Dame: „Herr Hoffmann? Bitte kommen Sie herein. Mein Sohn erwartet Sie." Nanu?

Oberförster Dieckmann begrüßte mich in seinem Arbeitszimmer. Er machte ein grimmiges Gesicht und deutete auf sein hochgelegtes und geschientes Bein: „Sie werden verzeihen, daß ich Sie so empfangen muß. Ich habe mir den Lauf bei einem Sturz vom Rad sehr übel gebrochen. Jetzt will er bei meinem Alter nicht mehr so recht heilen. Im Gegenteil! Vor ein paar Wochen mußte er in Greifswald sogar erneut gebrochen werden."

Eine halbe Stunde später hatte er sich alle Sorgen über das Besitzverhältnis, den Arbeitermangel, Holzeinschlag usw. von der Seele geredet. Ich versprach ihm, soweit ich es konnte, zu helfen. Er war nun wie umgewandelt und rief nach seiner Mutter.

„Bring mir jetzt, bitte, die Flasche, die du versteckt hast. Auch dort die Gläser. Aber nein, nicht die kleinen – ja, die da. So."

„Aber Heinrich, du hast doch heute schon . . ."

„Ja, ich weiß ja, ich weiß. Aus lauter Verzweiflung hab' ich vorhin ein paar Gläschen getrunken. Jetzt ist alles aber anders. Hol uns jetzt nur die Flasche." Sie brachte sie.

Zwischendurch hatte ich die zahlreichen, sehr beachtlichen Trophäen ringsum betrachtet. Besonders die Keilerwaffen konnten sich durchaus mit den meinen messen.

„Prost, Herr Kollege, Sie glauben nicht, wie froh ich jetzt bin."

Ich hob mein Glas: „Prosit, und auf Ihre baldige Genesung."

„Danke, doch damit wird es wohl sobald nichts werden", er beugte sich vor, „sagen Sie, Herr Hoffmann, Sie sind doch Jäger?"

Er lachte und schüttelte den Kopf: „Dumme Frage, wo ich davon bereits etwas Läuten gehört habe."

Er legte sein Bein zurecht und zeigte auf eine Aktenmappe: „Wollen Sie mir, bitte, die Akten dort geben? Danke. Um Ihnen auch jetzt die hiesige Gesamtlage zu veranschaulichen, muß ich etwas ausholen; die forstliche kennnen Sie ja bereits. In all den Vorjahren herrschte hier ein recht netter und allzeit fröhlicher Jagdbetrieb. Viele Jagdgäste waren fast dauernd hier, und zwischendurch kam oft Udet, der dann mit seinem ‚Storch' dort drüben in einer Koppel landete. In diesem Jahr war keiner da, weil mein Chef jetzt in der Schweiz wohnt. Kennen Sie ihn eigentlich? Nicht – nun – er ist ein netter und feiner Mensch! Wie Sie wissen dürften, umfaßt der Besitz außer den 700 Hektar Wald auch noch etwas über 300 Morgen Koppeln und Wiesen. In diese Koppeln stelle ich im Frühjahr stets Pensionsvieh, meistens Rinder, aber auch manchmal Jungbullen, ein. Was meinen Sie wohl, wie sämtliche Weiden jetzt aussehen, nachdem ich hiermit", er zeigte auf sein Bein, „herumlaboriere?

Hier", er schlug die Revierkarte auf, „grenze ich an das Forstamt Jägerhof, da an Wrangelsburg, hier an Eldena und dort wieder an die Staatsforst – und mitten drin liegen wir mit unserem Wald, von dem allein 150 Hektar zusammenliegende Dickungen sind. Wenn ich Ihnen jetzt noch sage, daß ich bereits Ende September das Pensionsvieh wegen Futtermangel zurückgeben mußte, können Sie sich den Zustand aller Koppeln vorstellen – alles – aber auch alles – haben die Sauen auf den Kopf gestellt. Kollege, Sie sind mir vom Himmel gesandt worden."

Ich war perplex und sah ihn entsprechend an: „Ich? Wie kommen Sie bloß darauf?"

„Ja Sie; direkt vom Himmel! Denn Sie sind noch jung und wendig und kommen außerdem dauernd hier vorbei und haben sogar in der Nähe dienstlich zu tun. Hier", er schlug die Akte auf, „ist der Abschußplan für Karbow. Da – soviel Hirsche und das Kahlwild – die Schaufler und die Tiere, von den 14 Böcken ganz zu schweigen. Die haben ja bereits Schonzeit. Und hier der Abschuß von Gladrow, ach so, das habe ich Ihnen ja noch gar nicht gesagt", er legte den Plan beiseite.

„Sie sind doch vorhin von der Anklamer Chaussee in den Landweg eingebogen?" – Ich bejahte es.

„Sehen Sie – alles Feld, das da rechts und links von der Chaussee liegt und bis an den Wald heran reicht – das gehört zu Gladrow. Diese Jagd, Kollege, habe ich gepachtet und hier ist der Abschuß," er nahm jetzt den Plan, „hier – 3 Hirsche – 6 Tiere, 1 Schaufler – 2 Tiere, da die Böcke und auch noch die 10 weiblichen Stücke." Er schob alles beiseite.

„Wirklich, Kollege, Sie hat mir der Himmel gesandt! Denn genauso, wie Sie mir in forstlicher Hinsicht geholfen haben oder noch helfen wollen, werden Sie mir doch sicher auch in jagdlicher beistehen. Wer sollte denn wohl auch nur einen Teil des Abschusses erfüllen", er lachte bitter, „jetzt, wo mein Chef anscheinend ein lästiger Ausländer ist und ich lahmgelegt bin. Nein, Kollege, Sie werden bestimmt nicht so hartherzig sein und einen kranken Mann im Stich lassen. Da", er zeigte mit einer Armbewegung auf die Wände, „solche Hirsche und Sauen warten auf Sie. Sie brauchen nur ja zu sagen."

Ich überlegte – erst Lubmin – jetzt Karbow . . .

„Bester Herr Dieckmann – hartherzig hin – hartherzig her. Ich habe so nebenbei auch noch 48 000 Hektar Wald in sieben Landkreisen zu bearbeiten und zu bereisen. Ganz so einfach, wie es aussieht und auch scheint, ist es nun doch nicht, denn mein Betrieb muß auch klappen. Allerdings – wenn ich Zeit habe oder . . ."

Er ließ nicht locker: „Kollege, Sie sind doch in Gladrow, in der Nähe der Chaussee, an dem großen Anwesen vorbeigekommen. Das gehört meinem Freund, dem Karl Lehmann. Bei dem können Sie immer wohnen, und von dort können Sie entweder weiterfahren oder bei ihm landen. Los, seien Sie kein Frosch, sagen Sie zu."

Ich sagte, wenn auch vorläufig noch nicht ganz reinen Herzens, schließlich ja.

Er füllte die Gläser.

„So, diesen Schluck also auf gutes Gelingen! Wenn Sie das nächste Mal vorbeikommen, bringen Sie Ihre Büchse mit. Prost!"

„Prosit! Warum dann erst beim nächsten Mal? Ich habe meinen Drilling und auch sonst alles immer mit und heute auch noch Zeit. Außerdem lerne ich gleich Ihr Revier etwas näher kennen."

„Na sowas! Da rede ich mir das Geäse fusselig, wo ich nur hätte sagen müssen: gehen Sie da und da hin, dort können Sie eine Sau oder einen Hirsch schießen."

Ich nahm die Revierkarte und stand auf.

„Nanu, wo wollen Sie denn jetzt schon hin?"

„Jetzt gehe ich Revierkenntnisse sammeln. Auf geht's!"
Es war zehn Minuten vor drei.
Ich benutzte eine Strecke weit den Wagen, stellte ihn ab und begann an Hand der Karte „meinen" Reviergang. Alle älteren Bestände waren gut durchforstet, die Dickungen bürstendicht. Überall herrschte Ordnung – nur auf der Koppel nicht, die ich später aufsuchte.

Ei, ei, ei – der einzige, frischgrüne Fleck in ihr war eine bornige, versumpfte Senke mit vier großen, noch trüben Suhlen. Bessere Planschbecken waren es.

Da schau an, was die Säulein nicht alles anrichten können! Und dann die Fährten, die überall in dem meist noch frischen Gebräch der letzten Nacht standen. Bei einigen konnte ich mir auch gleich die Stärke deren Urheber vorstellen.

Dort drüben die Koppeleinfahrt!

Das war der richtige Platz für den Ansitz. Da konnte ich in dem Sonnenflecken mit meinen Frühstücksbroten vorher auch noch gemütlich vespern.

Ich schnitt mir einen Haufen Fichtenzweige, saß geruhsam am Eckpfahl angelehnt und aß mein verspätetes zweites Frühstück. Der Sonnenfleck war etwas seitwärts gewandert, und ich überlegte schon, ob ich nicht umziehen sollte – nein, jetzt erst das Pfeifchen angebrannt, damit man merkte, was vorn und hinten war, und woher der Wind kam. Er kam und war gut!

Nur wenige Züge hatte ich gemacht, da brach es rechts in dem Dickungsteil, der an eine Schlenke außerhalb der Koppel angrenzte. Sofort zog ich an die andere Seite der Einfahrt um, wo ich völlig im Schatten blieb und hinter einem Doppelpfosten mit Querlatten bessere Deckung hatte. Längst war ich fertig, und immer näher hörte ich das Knacken und Anstreichen neben mir – Rotwild!

Sechs, jetzt neun Stücke Kahlwild zogen bereits in die schluchtartige Wiese schräg von mir weg – wenn ich jetzt nicht bald schoß, war es zu spät. Als daher noch ein Nachzügler kam und oben auf dem Böschungsrand vor den Kiefern verhoffte, fiel mein Schuß.

Er rutschte die Böschung herunter und lag.

Nach rechts und links prasselten die Stücke des Rudels davon oder gingen zurück.

So, Meister Dieckmann, das war der Anfang, der ja bekanntlich schwer sein soll!

Mir war es dieses Mal nicht so vorgekommen.

Ich brach das Alttier auf, säuberte mir im Wiesengraben die Hände und hing das Geräusch über meinen Zielstock – jetzt hin zu dem Landweg, wo ich es später mit dem Wagen abholen konnte. Also marschierte ich los.

Aber ich kam gar nicht weit, denn dicht neben mir knackte, rumorte und brach es in der Dickung – das waren jetzt aber Schwarzkittel. Was jetzt? Sie zogen parallel zur Schneise auf die Schlenke zu.

Mein Tier!

Das war bestimmt nicht für die gedacht. Ich ließ den Aufbruch vom Stock gleiten, warf meinen Hut daneben und sauste auf Gummisohlen zurück. Wenig später stand ich auf der anderen Seite der Wiese, von wo aus ich sie ganz übersehen konnte. Die Sauen kamen auf dem Wechsel des Rudels näher. Jetzt, da ich den Kugellauf eingestochen und bereits am Stock angestrichen hatte, war mir um das Stück nicht mehr bange. Gespannt war ich aber, ob das Schwarzwild das tun würde, was ich ihm zutraute.

Drei Überläufer erschienen fast gleichzeitig oben am Rand und untersuchten dort sofort etwas, was alle zu interessieren schien. Nicht so ein vierter. Der nahm gleich den Wurf hoch, dann noch etwas höher, und siehe da – trotz meiner Witterung, war er auch schon neben dem Stück. So ein Lorbaß!

Sekunden später waren vier weitere Nachzügler bei ihm, denen die drei zuerst Harmlosen jetzt auch folgten. Noch waren alle im ersten, allerdings gar nicht harm- und lautlosen Freudentaumel mit dem Geschcide beschäftigt – bis einer auf den bösen Gedanken kam –

Es blieb jedoch bei der Absicht, denn als er den Wurf in das Innere seines Fundes steckte, erwischte ihn meine Kugel hinter dem Teller. Dann war für die anderen Ausreißen keine Schande mehr, was sie auch höchst eilig taten.

Ich versorgte den Überläufer und hing meinen Mantel über einen Kiefernast zwischen beiden auf. Dann trat ich den Weg zu meinem Hut an. Dieses Mal kam ich ungestört ans Ziel, und wenig später hingen oben am Weg die Aufbrüche hoch über Kiefernästen.

Was jetzt tun?

Ich orientierte mich in der Karte. Bis zur nächsten Koppel war es ein Kilometer, bis zum Wagen etwa auch. Ach was, die Fichtenreiser waren vorhin so schön weich –

Nachdem ich mir den Mantel geholt hatte und wieder am Pfahl lehnte, besah ich mir nochmals andächtig die Wiese. Wenn die anderen ähnlich aussahen, hatte das Rindvieh auf ihnen wirklich nichts mehr zu beißen.

Weit weg, in Richtung Grenze Jägerhof, schreckte ein Reh. Ich zog wieder die Revierkarte und studierte sie – ja, ich würde mich nach ihr überall zurechtfinden. Als ich sie zusammenfaltete und aufschaute, machte ich mich unwillkürlich klein.

Oben auf der Feldsteinmauer, die die Koppel auf der Südseite einfriedigte, stand eine starke Sau. Sie rutschte an der Mauer herab und trollte auf die „Badewannen" zu. Hinter ihr her purzelten sechs Frischlinge in die Weide hinein. Sogleich war ich fertig, da kamen auch noch zwei Überläufer über die Mauer getrudelt, die es recht eilig zu haben schienen, um ja nicht zu spät in ihre Suhle zu kommen. Einer der Überläufer sollte es wieder sein.

Da ich vom Boden aus die Senke nicht ganz übersehen konnte, stand ich auf, nahm meinen Zielstock und hatte den letzten Überläufer auch schon im Fadenkreuz. Gerade wollte ich am Abzug tippen, da schob sich noch ein Stück in mein Blickfeld. Verblüfft setzte ich ab.

An dem Überläufer vorbei zog eine Sau, die gut doppelt so stark wie dieser war.

Alles andere ging sehr schnell – vorerst wenigstens.

Mein Schuß fiel, als der Keiler verhoffte – er brach zusammen und war wie vom Erdboden verschluckt. Seine Angehörigen verschwanden wie schwarze Schatten.

Nachladen und mich in Trab setzen waren eins, und schon stand ich am Rande der Mulde. Der Keiler war weg. Er war einfach nicht mehr da!

Doch dann sah ich ihn. Er lag zwanzig Gänge weiter, genau in einer der Suhlen. Bis zur Dunkelheit mühte ich mich ab, um ihn zu „länden". Ich patschte nackend im Modder herum, bekam ihn aber nicht aus der Suhle heraus. Mit Ach und Krach konnte ich ihm schließlich das Kurzwildbret herausschärfen und ihn etwas lüften. Eine Viertelstunde brauchte ich dann noch, um im Wassergraben allen Modder loszuwerden. Sogar auf dem Kopf hatte ich die schwarze, übel duftende Schmiere. Ich roch fast selbst wie eine Sau oder eine Torfmaschine.

Gegen $^1/_2$8 Uhr war ich erst beim Forsthaus, vor dem ein Ackerwagengespann hielt. Der Kollege hatte Besuch. Es war besagter Karl Lehmann aus Gladrow, der für Dieckmann alle Arbeiten erledigte. Auch jetzt hatte er ihn herbeizitiert, da einer meiner Schüsse gehört worden war; vermutlich der erste.

Schweigend hörten sich beide meinen umfangreichen Bericht an, und Dieckmann wurde erst rege, als ich etwas verbittert bei meiner Generalreinigung angelangt war.

Er tröstete mich mit einem großen Kümmel.

Eine knappe Stunde später waren Karl und zwei weitere Helfer mit dem Wild zurück. Der Keiler war aufgebrochen worden, und alles Wild hing nun hochgehievt unter einer alten Linde.

Ich hatte an dem Gewaff sorgsam Maß genommen und verglich diese mit denjenigen der stärksten Waffen an der Wand.

„Nun, Herr Kollege, hatte ich Ihnen nicht gesagt, daß solche Burschen da hier nur auf Sie warten. Was Karl?"

Karl blies in die Glut seiner Zigarre: „Ja, und nicht nur solche Burschen! Beim Bauern Merk sind in den Zuckerrüben jetzt die Hirsche auch ganz gut wieder zugange. Vor einigen Tagen sah er von der Chaussee aus zwei Geweihte schon am Nachmittag in den Rüben stehen. Er fuhr extra hin und jagte sie weg. Wenn man will, kann man abends da bestimmt einen schießen."

Ich dachte nach und nahm mein Notizbuch: „Von morgen bis Freitag bin ich auf Rügen. Aber von Montag bis Mittwoch in Anklam und auf Usedom. Ich könnte also allenfalls erst am Mittwoch gegen abend bei Ihnen vorbeikommen. Wenn es Ihnen dann paßt und Sie mitkommen wollen, könnten wir es ja dort mal versuchen."

Es paßte Karl. Wir nahmen noch einen Abschiedsschluck, und ich bekam von Dieckmann die Zusicherung, daß er das Gewaff von seinem Haumeister herausschlagen lassen würde. Oder ob ich das ganze Haupt etwa haben wolle, da ihm das „Große Jägerrecht" zustände?

Na, na . . . –

Wir erkletterten an dem Mittwoch den Hochsitz, als die Sonne verschwand. Links hatten wir den Rübenschlag, rechts gerade auflaufenden Roggen; die Schlagfurche lief bei dem Stand aus. O ja, Dieckmann wußte, wo Hochsitze stehen mußten.

Es begann bereits zu dämmern, da stieß ich Karl an – links hinter uns hatten Ästchen geknackt. Nur wenig später schob sich auf 80 Meter ein Hirsch aus dem Holz, verhoffte auf dem Grenzweg und zog dann in die Rüben. Er begann sofort knurpschend in ihnen zu äsen.

Ich konnte ihn noch gut ansprechen: beiderseits Eissprossenzehner, hohe, aber etwas enggestellte Stangen, lange Sprossen, bis auf die Mittelsprossen. Ich nahm den Drilling. Karl flüsterte: „Hinter uns ist Staatsforst."

Da ich das bereits auch wußte, ging ich mit dem Zielstachel von oben herab in den Hirsch hinein – Hochblatt mußte die Kugel sitzen und ihn auf den Fleck bannen! Als der Geweihte das Haupt hob, rührte ich am Abzug. Er lag im Feuer.

Neben mir tat Karl einen lauten Schnaufer: „Prima, ganz prima, Waidmannsheil!"

Jägermeister Granzow in Karbow sagte ähnliches.

Von Ballistik und von ballistischen Daten verstand ich nur wenig, und ich wurde daher unruhig und war erstaunt, als in den Abhandlungen der Fachpresse immer öfter behauptet oder angedeutet wurde, daß das von mir auch benutzte Kugelkaliber 8×57 für „Hochwild" nicht voll ausreiche.

In mancher stillen Stunde habe ich daher krampfhaft überlegt, ob und wann das bei mir auch der Fall gewesen war. Ich konnte mich an keinen einzigen erinnern – im Gegenteil – stets war die Wirkung des Geschosses recht gut gewesen, besonders bei starken Sauen und Rotwild. Es lag daher für mich eigentlich kein Grund vor, daß ich mich durch derartige Schreckschüsse beunruhigt fühlen mußte.

Trotzdem trug ich mich mit dem Gedanken, mir auch eine Büchse zuzulegen, die den annoncierten Erwartungen entsprach. Zwar wurde ich gelegentlich bei Drückjagden von Büchsenträgern etwas „über die Schulter" angesehen, wenn ich mit meinem Drilling aufkreuzte. Das berührte mich aber recht wenig, zumal ich oft beweisen konnte, daß ich sehr wohl auch mit ihm etwas traf. Sehr oft sogar!

Doch dann trat das Ereignis ein, das mich zur Anschaffung einer Büchse gewissermaßen zwang: Ich hatte auf einer Drückjagd drei Füchse geschossen, über die ich mich besonders freute. Nicht so der zuständige Kollege. Wie ich später erfuhr, gehörten ihm sonst alle Füchse, jedoch nicht die auf Jagden von Gästen geschossenen. Da diese Abmachung auch noch in anderen Revieren galt, stand es für mich fest – jetzt schaffst du dir einen Repetierer an. Denn wenn ich dort eine Büchse führte, brauchte ich noch lange nicht damit anlaufende Füchse zu treffen.

Ich besuchte also meinen Büchsenmacher in Stralsund und trug ihm meinen Wunsch vor. Der wiegte den Kopf und meinte, daß er leider keine solche Waffe zur Hand habe und in nächster Zeit eine solche auch wohl kaum beschaffen könne. Wenn ich damit allerdings bis zu seiner neuen Geschäftseröffnung im September warten wolle, könne es dann aber sehr gut möglich sein. Was es denn für eine sein solle? Wir einigten uns auf eine 7 × 64, die ich tatsächlich Ende September in seinem neuen Laden abholen konnte; ein Mauserfabrikat, das auch ohne das sechsfache Zielfernrohr reichlich schwer war, jedoch hervorragend gut schoß. Auf die Scheibe jedenfalls.

In Gladrow war ich noch öfter, und Karl hatte ich auch von meiner Absicht und später von meiner Neuerwerbung erzählt. Er meinte trocken, daß ich die Büchse bei ihm ja ausprobieren könne, denn die Brunft würde wohl bald so richtig in „Schwung kommen". Er würde mich dann schon rechtzeitig benachrichtigen.

Bereits eine Woche darauf schien er es sehr eilig und dringlich

zu haben, denn seine Nachricht besagte, daß ich sofort kommen,
mir aber auch noch zusätzlichen Urlaub nehmen solle.' Na, er
schien sich ja so allerhand vorgenommen zu haben. Sonnabend
gegen Mittag war ich bei ihm.

Karl besah sich meine Büchse von allen Seiten, blickte durch
das Zielfernrohr und legte sie vorsichtig auf mein Bett: „Sieht
ja ganz gut aus! Hoffentlich treffen Sie damit auch so gut wie
mit dem Drilling."

So 'ne Unke!

Doch dann führte er mich auf den Hof: „Dort drüben an der
Karbower Grenze schreien abends und in der Nacht zwei, oft
sogar drei Hirsche. Allerdings meist erst bei Dunkelheit. Aber
dort hinten, nach der Universitätsforst hin, herrscht seit zwei
Tagen nachmittags schon Hochbetrieb. Da stehen mehrere Rudel
entweder in den Wiesen oder in Witts Rüben. Witt is ärgerlich,
weil das Rotwild die Runkeln nicht etwa nur abäst, sondern
überall ausreißt. Gestern war er hier und sagte, daß er sie ver-
stänkern wolle. Als er jedoch hörte, daß Sie kommen, hat er's
bleiben lassen. Nun müssen wir dort aber auch was tun!"

Das alles hörte sich gar nicht schlecht an, zumal Kartoffelbuddler
woanders beschäftigt waren und nicht stören konnten; an mir
sollte es jedenfalls nicht liegen.

Gleich nach dem Kaffee zogen wir los. Karl trug den Rucksack,
die Sitzstöcke und mehrere Decken. Ich war auf alles vorbereitet. Die Wittschen Rüben sahen nicht sehr erfreulich aus;
warum die Hirsche sie sich gerade zum Brunftplatz ausersehen
hatten, konnte ich mir nicht erklären. Aber oft liegen Liebe und
gutes Essen nicht allzuweit auseinander.

Wir fanden in einer langen Schwarzdornhecke zwei tadellose
Sitze, nachdem wir sie etwas zurechtgeschnitten hatten. Hinter
uns lag der große Rübenschlag, vor uns dehnten sich Wiesen
aus und rechts dicht neben uns einige Koppeln.

Es war ein Spätnachmittag wie aus „Samt und Seide", fast
windstill und der Himmel tiefblau. Im Osten stand der Mond
und hinter den Baumkronen der Forst glutrot die Sonne; weit
in der Ferne stieg der Rauch mehrerer Kartoffelkrautfeuer senkrecht gen Himmel. Daß das Wild ausgerechnet durch die Kop-

peln anwechseln würde, war nicht anzunehmen. In sie hinein stand der unmerkliche Lufthauch.

Trotz der friedlichen Stimmung begann unser Ansitz etwas dramatisch: Ich hatte meine erste Zigarette getötet, als Karl links neben mir zu schnüffeln begann: „Das riecht ja hier wie verbrannte Lumpen. Haben Sie Ihren Sargnagel auch richtig ausgemacht?"

Während ich neben mich schaute, ob etwa ich . . . wurde er sehr rührig. Das war auch nötig, denn nicht nur das Taschen- und Innenfutter seiner neuen Joppe, sondern auch seine Hose glimmte. Als er vor sich hinmurmelnd über seine Pfeife schimpfte und die Brandherde ausdrückte, fiel im Wald ein Schuß, dem ein zweiter folgte.

Das hatte uns gerade noch gefehlt, obwohl es ziemlich weit weg gewesen zu sein schien.

Ich überlegte noch, ob ich nicht vorschlagen sollte, umzuziehen, da sagte Karl sehr bestimmt: „Wir bleiben trotzdem hier."

Da er immer noch an seinen Brandflecken herumrieb, brannte ich mir einen frischen „Sargnagel" an, hatte ihn aber kaum in Zug – da brach es im Holz, und ein Hirsch knörte brummend. Wir machten uns sofort etwas kleiner und Karls: „Sehnse", hätte nicht zu kommen brauchen, denn ich sah sie auch so gut genug, obwohl er es so gar nicht gemeint hatte.

Im scharfen Toll kamen neun Stück Kahlwild in einem Pulk aus den Eschen, in deren Mitte ein Hirsch. Sie rutschten einen sehr tiefen und breiten Vorflutgraben herunter und kamen dann breit an uns vorüber. Sofort hatte ich die Büchse im Gesicht und den Hirsch im Zielfernrohr; das heißt, seinen Träger hatte ich nur im Glas, denn der Wildkörper wurde von zwei Tieren verdeckt. Sie verschwanden links hinter der Ackerecke, und wenig später rauschten die Rübenblätter hinter der Anhöhe des Schlages – der sehr gute Kronenzehner hatte Glück gehabt.

Kaum war es oben still geworden, geriet Karl neben mir in Fahrt: „Los, ran bis an die Ecke! Das ist doch wahrlich ein guter Hirsch, los doch, machen Sie hinterher."

„Nur immer mit der Ruhe! Der Hirsch ist mir zwar bestimmt gut genug, doch wird das Wild vermutlich jetzt noch so aufmerksam sein, daß ich kaum ungesehen herankomme. Außerdem ist der Wind gut, und wir haben noch viel Zeit. Die Sonne ist noch lange da."

Es war gut, daß ich mich zurückgehalten hatte, denn keine fünf Minuten später knackte es in der Eschenecke, und schon zogen sechs Stücke Kahlwild durch den Vorfluter und dann wieder breit in der Wiese an uns vorbei – ohne Hirsch. Sie waren kaum außer Sicht, da brach es erneut in den Eschen, Stangen schlugen an – jetzt kam er doch noch.

Lange stand der Hirsch am Wiesenrand und sicherte. Beiderseits trug er vier lange, leuchtende Enden in der Krone – hohe, dunkle, aber nicht zu dicke Stangen, recht gute Auslage –, ein mittelalter Hirsch also, mit ungewöhnlich langen Mittelsprossen. Als er weiterzog, faßte Karl meinen Oberarm. Sein Griff glich einer Zange: „Da, sehen Sie, der Hirsch lahmt links."

Durch das Glas sah ich deutlich, daß der linke Vorderlauf eine Spanne unter dem Blatt schweißig war – sollte er dort vorhin eine der beiden Kugeln erhalten haben?

Der Geweihte hatte inzwischen den Grabenrand erreicht, zog unschlüssig erst links, dann rechts an ihm entlang und scheute sich offensichtlich, den tiefen Graben zu nehmen. Wieder verhielt er und sicherte herüber. Schließlich mußte er sich überwunden haben, denn er rutschte vorsichtig und unbeholfen die Böschung herab. Als er auftauchte, war ich bereit. Karl atmete hörbar.

Ich schoß, als er uns gegenüber war – das Torpedogeschoß stieß ihn auf dem Fleck um. Sofort hatte ich repetiert, doch rührte er keinen Lauf mehr.

Hinter uns in den Rüben rauschten die Blätter, und schon tauchten beide Rudel oben auf der Höhe auf. Sie verhofften dort mit nur wenig Abstand voneinander, wobei der Zehner das „Komma" zu sein schien.

„Schießen Sie doch, los, wir haben doch noch einen frei." Karl, der Versucher, flüsterte es heiser

Das vorletzte Stück war ein Schmaltier – im Schuß war es verschwunden. Wie eine rotbraune Lawine brausten jetzt die fünfzehn Stücke schräg auf uns zu und fegten zwischen der Koppelecke und uns auf wenige Meter durch. Als sie in unseren Wind kamen, überflohen sie mit riesigen Fluchten die Hecke und waren wenig später im Holz.

Karl ließ sich enttäuscht auf den Stock sinken: Gott's Donner! Wie können Sie nur auf diese Entfernung so einen Klotz von Hirsch vorbeischießen? Ich habe es ja gleich gesagt, daß Sie mit ihrem Drilling besser zuwege gekommen waren. Breit und so groß wie ein Scheunentor! Es ist einfach nicht zu fassen." Und was sagte mein wildbretsüchtiger Freund, als er das Schmaltier sah und sich damit auch sofort beruhigt hatte? „Wissen Sie was? Jetzt bekommt Witt das Schmaltier, und ich behalte den Hirsch."

„Nichts ist! Witt bekommt, genauso wie es abgemacht wurde, beide Stücke. Sie sind dran, wenn bei Ihnen etwas geschossen wird." Und so geschah es.

Witt holte die Stücke ein, freute sich, daß seine Rüben für eine Zeitlang gerettet waren, und wir erreichten beim letzten Dämmerschein Karls Toreinfahrt. Er hatte wohl noch etwas über die „verpaßte Hirschgeschichte", so sagte er, gelästert und über seine versengte Joppe geschimpft, war sonst aber wieder recht friedlich. Bevor wir in den Hof einbogen, blickte er noch einmal rundum über die im Mondschein bereits gelb schimmernden Stoppelfelder – dann warf er seine Sachen fort, und wieder spürte ich seinen Zangengriff: „Dort drüben! Sehen Sie die dunklen Punkte?"

Ich mußte erst das Glas nehmen, dann sah ich die Sauen auch. In der dritten Reihe des anstoßenden Kartoffelackers pirschte ich langsam vor und kam bis auf Schußweite an die „Ährenleser" heran – eine Bache mit sieben Frischlingen. Bei der Lebhaftigkeit der Saujugend dauerte es lange, bis ich einen Frosch ruhig und schön breit im Glas hatte. Nach dem Schuß war die Weizenstoppel leer – bis auf einen dunklen Strich vor mir.

Karl, der oben an der Straße zurückgeblieben war, kam jetzt heran. Wie er, ohne Glas, immer die Sauen eher sehen konnte als ich, das war und blieb mir schleierhaft. Er mußte Luchsaugen haben. Gerade wollte ich zu dem Frischling, als neben mir in den Kartoffeln abermals Sauen knatschten.

Links schmatzten sie laut und genußvoll, und in den Stoppeln nahte Karl laut raschelnd. Wenn das nur gut ging! Es ging gut. Er mußte sie auch gehört haben, denn plötzlich vernahm ich nur noch sein leises Anstreichen im Kartoffelkraut. Ich hatte mit meinem Glas das Feld mehrmals abgesucht, konnte die Schwarzen jedoch nicht ausmachen. Karl löste sofort das Rätsel: „In der Mitte des Kartoffelackers ist eine Mulde. Dort werden sie sein."

Sie waren da, denn als ich mich leise bis an deren Rand vorgepirscht hatte, sah ich sie auch ohne Glas – fünf Stücke. Dieses Mal dauerte es nicht lange, bis ich einen der Überläufer, der zu einem Drittel das Kraut überragte, im Fernrohr hatte – im Knall war er verschwunden, und sehr schnell verschwanden die vier anderen Schwarzkittel auch in Richtung Wald. Karl kam heran und fand den Beschossenen ohne lange Sucherei, da ich mit dem liegenden Zielstock die Richtung angemerkt hatte. Am Rande der Stoppeln brach er beide „großzügig" auf.

„Wissen Sie, was wir jetzt machen?"

„Na, was denn?"

„Jetzt rufen wir Dieckmann an und essen zusammen anständig Abendbrot. Er hat noch guten Kognak, und ich hab' ein paar Flaschen Wein. Verdient haben wir ja wohl einen Schluck. Ihre Büchse scheint übrigens doch nicht so schlecht zu sein. Jetzt habe ich wenigstens auch etwas Wild, wenn es auch nur zwei kleine Stücke sind."

So ein Schlawiner! Nicht schlecht und wenigstens etwas . . .

Der Kollege kam, und wir taten, was Karl vorgeschlagen hatte. Mitten in der Nacht gingen wir gemeinsam und zum fünften Male vors Haus und lauschten dem Röhren der Hirsche ringsum. Dieckmann seufzte: „Es ist doch eine Schande, daß ich immer noch mit meinem lahmen Bein in so einer Nacht zu Hause herumsitzen muß."

Karl schien auf diese Stichworte nur gewartet zu haben: „Das finde ich auch. Er sitzt hier rum, trinkt uns den Schnaps weg, und da drüben treibt der starke Keiler inzwischen wieder sein Schindluder mit meinen Kartoffeln."

Starker Keiler?

Fünf Minuten später wußte ich, daß Karl ihn in der letzten Zeit

Rehe sind Feinschmecker – gönnen wir ihnen manch' guten Bissen?

Er stand auf's Blatten zu

verschiedentlich gefährtet hatte und daß er stets gleich hinter dem Eckhochsitz aus seinem Holz zu kommen pflegte. Nur der Hirsche wegen hatte er mir bisher von ihm nichts sagen wollen. So war das also.

Eine viertel Stunde später stand ich unter dem Hochsitz. Sollte ich rauf? Nein, das Brett war mir jetzt zu hart. Dafür fand ich achtzig Meter weiter einen besseren Platz, lehnte bequem an einer Randkiefer und hatte die Beine lang gemacht. Der Lauf meiner Büchse lag über meinem rechten Oberschenkel. Hinter mir schrien dauernd zwei Hirsche. Ich mußte an die vergangenen Stunden denken.

Dabei war ich wohl eingeduselt, denn plötzlich schreckte ich auf – da, dicht hinter mir knisterten Reiser. Kaum hatte ich die Büchse fertig, als schon unmittelbar neben mir ein Reh mit polterndem Fluchten absprang. Da es dabei nicht schreckte, war ich beruhigt.

Eine knappe Stunde mochte so vergangen sein, da knisterte links von mir abermals Reisig. Aha, das Reh kam zurück! Dicht am Rande brach leise ein Ästchen – gleich war es da. Auf knappe dreißig Gänge schob sich jedoch langsam ein riesiger Wurf hinter einer Kiefer hervor. Tief holte ich Luft und rührte mich nicht, denn der Basse sicherte, sicherte so lange und aufmerksam, wie es alte Keiler nun mal tun. Ich saß, wie der Baum hinter mir stand. Erst als er den Wurf herabnahm, griff ich zur Waffe. Nur drei Schritte weit zog er in die Haferstoppeln, doch schienen seine Keulen und der Baum immer noch eins zu sein.

Den sonst dröhnenden Knall und den Rückstoß habe ich weder richtig vernommen noch gespürt, denn keine vier Meter neben mir fuhr der Keiler nach dem Schuß in das Holz und prasselte wie sonst eine ganze Rotte davon. Dann gab es in den Stangen einen Krach, noch einen und endlich wüstes Brechen immer auf einer Stelle. Ich hatte mich nicht gerührt, als er wie eine Lokomotive vor mir auftauchte, hatte nicht repetiert, sondern legte den Kopf an die Kiefer und lauschte nur. Als es im Holz still geworden war, schlich ich mich leise davon.

Die beiden trinkfesten Genossen hatten inzwischen nicht nur Sitzfleisch gehabt, sondern auch Appetit bekommen, denn eine große Pfanne voll Spiegeleiern stand zwischen ihnen. Karl deutete auf sie: „Machen Sie mit! Da steht ein Teller. Wie war's übrigens?" Ich nahm den Teller, holte mir Schanzzeug und setzte mich. „Schön, wie immer schon! Besonders bei dem Mondschein. Die Hirsche schreien immer noch."

Dieckmann unterbrach sein zeitiges Frühstück: „Kollege, das ist Ihnen ja wohl klar, daß Sie ab morgen zu mir kommen. Die hier in Gladrow können mit ihren vier Stücken auch ganz schön zufrieden sein."

„Da ich meine drei Tage Urlaub habe, wird sich das machen lassen. Aber wieso nur vier Stücke. Haben Sie denn meinen Schuß vor einer halben Stunde nicht gehört?"

Wir fanden das Hauptschwein dort, wo ich es toben gehört hatte. Nur mit Mühe konnten wir es auf eine Schleppe wälzen und dann auf einen Wagen wuchten.

Als Dieckmann den Bassen sah, rückte er seine Brille zurecht und kratzte sich die Nase: „Ach, du grundgütige Einfalt! Der ist ja noch stärker als mein bisheriger bester. Sie stolpern anscheinend nur so über starke Keiler."

Es wurden für mich noch drei schöne Urlaubstage, wobei meine 7 × 64 das hielt, was ich mir von ihr versprochen hatte.

Wer den Vierzehnender beschossen hatte, bekamen wir nicht heraus; jedenfalls hat sich in Gladrow niemand gemeldet.

Erfolgreiche Jagdfahrten

Ende September hatte ich Herrn von Buengner kennengelernt, der Sorgen mit seinem Waldgut Todenhagen hatte, da der dortige Forstmann eingezogen war. Herr v. Buengner konnte sich selbst nicht um den Betrieb kümmern, denn er mußte täglich mit seiner Einberufung rechnen und außerdem sein Gut in Mecklenburg bis dahin bewirtschaften.

Wir trafen in Todenhagen zusammen und kamen überein, daß der ebenfalls anwesende Revierförster Tech aus Pütnitz seinen Betrieb leiten sollte.

Anschließend machten wir gemeinsam einen ausgedehnten Revierbummel und verhörten bis zur Dunkelheit vom Forsthaus aus die Hirsche, die sich in Todenhagen und im angrenzenden Schlemmin zu einem Konzert zusammengefunden hatten. So schien es jedenfalls.

Zwischendurch beschauten wir immer wieder das starke Geweih des Hirsches, den Herr v. Buengner einige Tage vorher gestreckt hatte, und das jetzt sauber abgekocht an der Wand lehnte. Todenhagen war mit seinen 1200 Morgen Wald besonders deswegen interessant, weil außer einigen Dickungen eine große, sehr dichte Ackeraufforstung einen 4 Hektar großen Wildacker hufeisenförmig umschloß. In dieser Dickung sollten angeblich, nach Annahme und Angaben der benachbarten Jäger, alle Sauen der Umgegend mit Vorliebe stecken.

Hänschen Tech, der mit jugendlichem Schwung noch verschiedene andere Reviere beförsterte, gab mir eines Tages zu verstehen, daß unbedingt in Todenhagen eine Drückjagd stattfinden müsse, da sich die Pächter der Wiesen und einiger Äcker über die sich mehrenden Schwarzwildschäden bitter beklagten. Ob und welche Schützen ich dazu einladen wolle?

Außer Nachbarkollegen schlug ich den Jägermeister Juhl aus Langenhanshagen und – man soll auch vielbeschäftigten Büro- und Stadtmenschen eine Freude machen –, meinen Chef vor.

Alle kamen, und nach dem ersten Treiben lagen bereits drei Sauen. Im nächsten hatte eine Rotte Glück, denn nach einem Fehlschuß hatte der Schütze Ladehemmung, er also das Nachsehen und die Sauen heile Schwarten. Anstatt möglichst schnell das Weite zu suchen, war die bisher glückhafte Rotte in die Dickung beim Wildacker eingewechselt. Diese sollte nun unter Begleitmusik von Kindertrompeten, Topfdeckelklängen und mit Unterstützung von „Imo", dem Jagdterrier, getrieben werden. Zuletzt hatten die Treiber in der Dickung eine lustige Ballerei mit Knallkorken vom Stapel gelassen. Wieder konnten wir hier nur die Hauptwechsel besetzen.

Ich stand vor einer dicken Eiche auf der Front, links von mir hatte ich meinen Chef postiert, rechts zwei Kollegen, und den Eckstand sollte der Jägermeister mit seiner Doppelbüchse verteidigen, der im ersten Treiben zwei der Überläufer geschossen hatte. Hier führte ich meinen Drilling, denn Füchse gab es auch reichlich, deren Bälge „Hänschen" Tech gut zu verwerten wußte. Das Treiben mußte bereits begonnen haben, doch war von den Trompetenklängen noch nichts zu hören. Dafür erschien am Dickungsrand Reineke und schnürte mit schleppender Lunte auf meinen Chef zu. Sogar genau auf ihn zu. Es kam, wie es in diesem Fall kommen mußte, er beschoß ihn nämlich spitz von vorn. Reineke geriet ob dieser unfreundlichen Begrüßung sofort in höchste Fahrt, bog ab und kam mir jetzt spitz. Ich ließ ihn kommen, trat neben die Eiche und schoß, als ich ihn nach einer Seitenflucht breit hatte. Er lag. Keine fünf Minuten später erschien ein weiterer Rotrock, und wieder nahm er meinen linken Nachbarn an. Wenn man von einer Duplizität der Ereignisse sprechen konnte, dann hier – mein Chef schoß, der Fuchs kam mir, und ich riß Funken. Er lag nur wenige Schritte neben dem ersten. Als es in einer Lücke in den verbissenen Randfichten jedoch schwarz wurde, hatte ich auch schon die Schrotpatronen gegen Brennekegeschosse ausgewechselt.

Die gemischte Rotte flüchtete – es sollen über zwanzig Sauen gewesen sein – in voller Fahrt links zwischen uns beiden durch. Ich beschoß à Tempo drei der Überläufer. Sie überschlugen sich wie rollende Hasen. Auf dem Nebenstand fiel kein Schuß. Dann hatte ich es jedoch sehr eilig, denn eine Bache mit Frischlingen preschte auf einem anderen Wechsel auf mich zu und war bereits auf 25 Gänge heran. Die schwarze Madame eräugte meine Bewegungen natürlich sofort und bog nach rechts ab. Nur die Büchsenkugel und ein Brennekegeschoß bekam ich noch in die Läufe, dann mußte ich schießen, da sie sonst alle im Unterholz verschwunden waren. Die beiden beschossenen Frischlinge rutschten zusammen. Sekunden später gerieten meine rechten Nachbarn in Eifer.

Als die Treiber heran waren, trafen sich bei mir auch die Schützen von der Front. Mein Chef untersuchte die Überläufer: „Ich muß doch mal sehen, wo Ihre Kugeln sitzen! Denn daß drei Sauen, eine wie die andere, auf dem Kopf stehen, das habe ich noch nicht gesehen."

„Weshalb haben Sie eigentlich nicht geschossen? Ihnen kamen sie doch recht gut", sagte ich.

„Das schon; doch habe ich gar nicht àn Schießen gedacht, weil ich mit Ihren rollenden Sauen beschäftigt war. Die andere Rotte kam mir zu ungünstig. Übrigens können Sie sich bei mir ruhig bedanken, daß ich Ihnen die Füchse so paßgerecht herangeschossen habe."

Ich war ihm dankbar und machte eine kleine Verbeugung.

Abends lagen 12 Sauen und 4 Füchse – nur mein Chef war leer ausgegangen. Trotzdem war er heiter und guter Dinge, meinte aber, daß er sich künftig Schüsse auf spitz anlaufende Füchse doch besser verkneifen wolle.

Die Lage für den Waldbesitz wurde von Monat zu Monat ungünstiger, da nicht nur die meisten Forstleute und Waldarbeiter, sondern sehr oft auch die Besitzer selbst einberufen wurden. Manche kamen verwundet oder kaum genesen auf Urlaub, um sich gleich ihren brach liegenden Forstbetrieben zu widmen. Unter diesen befand sich auch Freiherr v. Hammerstein, dessen Hilferuf mich zufällig auf dem Forstamt erreichte. Er hatte Schwierigkeiten beim Absatz des Nutzholzes und erbat daher meinen Besuch. Um Zeit zu sparen, nahm ich am nächsten Tag einen mir bekannten Holzhändler nach Oldenburg gleich mit.

Alles verlief glatt, denn nach fünf Stunden hatten wir die Eichen und die Eschen, und zwar Stamm für Stamm, untersucht, beurteilt und bewertet, worüber der Käufer ein recht säuerliches Gesicht machte. Ein Kauf in „Bausch und Bogen" wäre ihm lieber gewesen.

Dafür machte Herr v. Hammerstein große Augen, als er die Summe unter dem Strich sah und sie mit der verglich, die er gefordert hätte.

Das Ende vom Lied war, daß auch er mir die Bewirtschaftung des Waldes übertrug und mich bat, daß ich mich ebenfalls um die Jagd kümmern sollte, da man ja auch gern etwas ernten wolle. Kurze Zeit später mußte er zu seiner Truppe zurück.

Ende Juni erhielt ich aus Oldenburg gleich zwei Nachrichten. Während Frau v. Hammerstein sich auf meine Zusage berief und anfragte, wann ich denn nun mal endlich einen Bock schießen wolle, war das Schreiben des Verwalters Lemke ein „Brandbrief". Danach hatten die Schwarzkittel nicht nur in den Wiesen und gleich nach der Aussaat in der Sommerung Schaden gemacht, o nein, jetzt nähmen sie sich auch noch die Kartoffeln vor. Ich hatte zwar wenig Zeit, doch würde es für einen Abend und den nächsten Morgen zur Not reichen. Also sagte ich mich kurzfristig in Oldenburg an.

Dort wurde ich sofort mit zahlreichen jagdlichen Neuigkeiten und Hinweisen gewissermaßen gefüttert, damit ich genau wußte, was und wo ich alles in den nächsten Stunden zu erwarten hatte. Da – wer die Wahl aber auch die Qual hat – hörte ich mir alles an, nickte und zog später los, jedoch ohne festen Plan.

Als ich an die Reviergrenze kam, mußte ich mich entscheiden, ob ich nach rechts oder nach links pirschen sollte. Auf dem Weg rechts befand ich mich dauernd auf dem Grenzgestell, während ich mich links immer im Revier hielt. In solchen Zweifelsfällen befrage ich daher stets mein „Orakel", das höchst einfach ist und aus einem Geldstück besteht. Ich wählte, schnippte die Münze hoch und hatte die Grenze als weiteren Pirschweg auserkoren. Allerdings war ich nicht so ganz von meiner Wahl befriedigt, da dieser Weg nur einen knappen Kilometer durch Wald und dann weiter über das Feld führte. Da half kein Wenn und Aber – das Orakel hatte es ja so gewollt.

Kaum hatte ich auf ihm jedoch eine kleine Anhöhe erreicht, als ich verhielt – links neben mir in den Kiefern des Nachbarreviers hatte eine Sau ganz kurz aufgeklagt. Mit drei Schritten stand ich hinter einer Buche und hatte auch schon die Büchse eingestochen.

Nur wenig später schoben sich fünf Überläufer aus dem Unterholz heraus und wurzelten eifrig in dem angewehten Laub am Bestandesrand herum. Plötzlich wurden sie flüchtig, flitzten über den Weg, und setzten ihre Tätigkeit bei uns unter den Buchen fort.

Der vorletzte war ein Keilerchen!

Als er sich brechend hinter einer Buche hervorschob, rührte ich am Zünglein.

Er lag im Knall, während die anderen in einem großen Bogen in ihre Heimat zurückflüchteten. Ich brach ihn auf, genehmigte mir noch eine Zigarette und ging zufrieden nach Hause – man muß an sein Orakel nur glauben. Da mein Schuß dort gehört worden war, wurde ich mit Hallo empfangen.

Am nächsten Morgen klingelte mich der Wecker aus dem Bett, den ich der Mamsell ausgespannt hatte. Mein Frühstück nahm ich stehend ein, denn zu einer Tasse Kaffee und zu einer Zigarette braucht man sich kaum zu setzen.

Es war Büchsenlicht, als ich meine Morgenpirsch von der Waldspitze aus begann. Dieses Mal brauchte ich an der Grenze nicht zu orakeln, denn heute wollte ich nach links, allerdings vorher von der Buche aus noch einmal die Situation vom Vorabend in Ruhe nacherleben. Zwei Minuten später stand ich dort und suchte mit dem Glas vergeblich den kleinen Laubhügel, unter dem das Gescheide verscharrt war – der Hügel und vermutlich auch sein Inhalt waren verschwunden.

Ich ließ das Glas sinken und blickte durch die Buchen bis hin zum Unterholz. Was ich dort sah, machte mich sehr rege. Ich hatte die Büchse noch nicht fertig, da waren die acht Überläufer auch schon heran und fuhren dort durcheinander, wo ein Teil des Innenlebens ihres Stammesbruders geruht hatte.

Wieder war es ein Keiler, den ich beschoß, und der daraufhin als erster das Grenzgestell erreichte. Mitten auf dem Weg brach er zusammen, indes die anderen „Kannibalen" nur wenig später im Dichten verschwanden.

Der Verwalter schaute reichlich finster den feisten Burschen an, verließ aber wesentlich milder gestimmt den Hof, als er eine Keule seiner Ärgernisse in der Rechten davontrug. Eine Stunde später fuhr ich weiter.

Anfang September nahm ich für zwei Tage Urlaub, da ich mich auch nach den Hirschen in Oldenburg etwas eingehender umschauen wollte. Dort herrschte Hochbetrieb, allerdings vorerst nur im Gutshaus, da die Schwägerin und andere Verwandte samt Kindern ihren Einzug gehalten hatten.

Der ebenfalls anwesende Verwalter berichtete stolz, daß er jetzt zwei „prima" Hochstände gebaut habe, und daß da und da dauernd Rotwild und Sauen zu fährten seien. Nachdem ich mich ob dieser erfreulichen Nachrichten durch einige Schnäpse noch erheblich mehr gestärkt fühlte und mit zahlreichen Segenswünschen bedacht war, ging ich ab.

Der Sitz an den Kartoffeln war genügend hoch, völlig verblendet, überdacht und sehr standfest. Nur an eins hatte der Verwalter nicht gedacht – die Schießscharten waren nur „Schlitze", durch die man mit aufgesetztem Zielfernrohr nicht hindurch kam. Da ich die angenagelten Knüppel ohne Lärm nicht losbrechen konnte, schnitt ich mit dem Nicker an mehreren Stellen Dellen so tief ein, bis ich meine Büchse dort auflegen und somit auch anschlagen konnte.

Es war gut, daß ich keinen Lärm gemacht hatte, denn in den Kartoffeln vor mir wurde ein Reh hoch. Es war ein Bock mit einem eisgrauen Grind, der etwas höher als die Lauscher auf hatte; dafür waren die Stangen dick, stark geperlt und nur wenig vereckt. Leider war das Kraut so hoch, daß ich nur das Haupt und etwas vom Hals frei hatte. Ich bezielte ihn dauernd, bis endlich das Blatt doch mal frei wurde, worauf ich sofort schoß – er verschwand im Knall.

So, dieser Hochsitz war eingeweiht!

Doch wie sollte ich den Bock jetzt in dem gleichmäßig hohen Kraut ohne Anhaltspunkte finden? Schließlich peilte ich mehrere Bäume weit in der Ferne an, die ich sicherlich auch von unten noch sehen konnte. Statt der 130 Gänge, die ich geschätzt hatte, machte ich des Krautes wegen 145 Schritte, steckte dort meinen Stock ein und fand den Bock bald.

Ich brach ihn an Ort und Stelle auf, hing ihn zum Ausschweißen an die Leiter und saß dann wieder oben. Als die Sonne verschwunden war, schreckte weit hinter mir ein Reh. Zuerst war es nur das eine Stück, dann ein weiteres und schließlich schienen sämtliche Stücke der Umgebung an der Schimpferei beteiligt zu sein. Nun ist eine geschlossene Kanzel in mancher Hinsicht ja recht gut, nur kann man auf ihr wenig hören.

Also rückte ich scharf an die Brüstung heran und lauschte durch den Schießschlitz hinaus. Es dämmerte bereits, ich hatte außer dem Schrecken nicht das geringste Geräusch vernommen, da schob sich aus den Fichten langsam ein massiger Kopf heraus und verhielt vor dem helleren Kartoffelrand.

Ohne zu zögern schob ich meinen Repetierer auf der eingeschnitzten Delle nach draußen und bezielte durch das Fernrohr den Kopf – kurzer, vorn stark verdickter Wurf –, das war ein guter Keiler und er war vermutlich auch das „Schreckgespenst" der Rehe.

Einige Minuten stand der Keiler unbeweglich und sicherte, dann erst trollte er weiter in die Kartoffeln hinein. Nach dreißig Metern verhoffte er abermals und sicherte erneut. Meine Kugel faßte auch ihn hoch auf dem Blatt und warf ihn auf dem Fleck zusammen. Kaum war der Widerhall des Schusses verklungen, da flogen dort, wo er lag, Kartoffelstauden und Steine klapperten. Dann war es vorbei!

Nur eine Zigarette durfte ich mir gönnen, sonst wurde es mir bei der roten Arbeit dunkel. Von hinten trat ich an ihn heran und stieß ihn derb an. Das machte ich seit Jahren immer, nachdem ich in Karbow einem ebenfalls im Knall zusammengebrochenen Keiler nach Minuten in das Gebrech fassen wollte. Sein klappender Biß verfehlte meine Hand nur um Haaresbreite; ich übersprang den sich vorschiebenden und dann drehenden Keiler mit einem weiten Satz, hatte die Büchse herunter und schoß, als er wieder auf den Läufen war, er mich aber nicht mehr annehmen oder abgehen konnte. Ihn hatte ich damals mit der ersten Kugel nur gekrellt, daraus aber auch eine Lehre gezogen.

Der Keiler hier war verendet; die Kugel saß dort, wo ich abgekommen war, und er war sicher sechsjährig. Das allerdings konnte ich später noch genauer feststellen.

Über meinen schief eingesteckten Stock hing ich mein Glas und den Büchsenriemen, dann zog ich meinen Mantel aus. Ich mußte sofort beginnen, sonst wurde es doch noch dunkel.

Der starke Bursche lag in der Furche gar nicht gut, immer wieder klappten die Hinterläufe zusammen und ich kam langsamer voran als sonst. Als ich mich etwas verpusten und aufrichten wollte, blickte ich zum Hochsitz hin – es war mir, als ob ich einen Stoß in die Rippen bekam.

Keine dreißig Gänge von mir entfernt und nur zehn Meter vom Rand ab stand eine Sau. Sie sicherte spitz auf mich zu mit abgestellten Tellern, die ich trotz der starken Dämmerung noch erkennen konnte.

Meine Büchse!

Ich blieb tiefgebückt stehen, legte den Nicker auf die Sau, schob mich dann langsam in die nächste Furche, in die folgende und befand mich schließlich nahe meinem Stock und der Waffe.

Der Keiler stand unbeweglich, hielt mich vielleicht für einen der Seinen, und ich ließ ihn nicht aus den Augen – nur einen einzigen Schritt noch, dann konnte ich die Büchse greifen.

Obwohl Rücken und Genick bereits schmerzten, schob ich mich weiter vorwärts, stieß mit dem Fuß an den Schaft, bückte mich noch mehr und hatte sie zwischen der Fernrohrmontage gefaßt. Wenn jetzt der Riemen nur nach der richtigen Seite von der Krücke abgleiten würde!

Ich hob sie an, der Riemen glitt richtig ab, dann hatte ich sie lautlos entsichert und ebenso eingestochen.

Durch das sechsfache Glas sah ich den Bassen besser, da ich wieder den helleren Rand als Hintergrund hatte. Sollte ich den Schuß spitz von vorn wagen? Nein, das Licht war für den Schuß zwischen die Lichter bereits zu schlecht.

Jetzt stand ich aufgerichtet und wartete, wartete so lange, bis mich der Keiler davon erlöste.

Einem tiefen Brummer folgte ein leises Blasen, das Gebrech klappte, dann drehte er langsam nach rechts auf den Bestand zu ab – jetzt hatte ich ihn breit – Schuß!

Sofort hatte ich repetiert. In dem Fichtenstreifen hörte ich wüstes Prasseln, dann zwei, drei dumpfe Rumpler, wieder Brechen und jetzt ein tiefes, unterbrochenes, langes Stöhnen – dann war Stille.

Ich fand ihn etwas später durch meine Nase, da ich die Fichten umgangen hatte und unter Wind sehr vorsichtig in sie hinein gekrochen war. Er war ebenso stark wie der erste Keiler, und ihm schärfte ich nur das Kurzwildbret heraus.

Als ich den Bock und die beiden Sauen später auf dem Gutshof richtig versorgt, das Gehörn gekappt und die Waffen herausgeschlagen hatte, meinte lächelnd die Mutter von Frau v. Hammerstein: „Sie machen es hier wohl niemals unter zwei Sauen." An den nächsten Tagen sah ich keinen Hirsch, auch keine Sauen mehr; dafür aber verschiedentlich Kahlwild.

Ein gutes Geschäft

Es mußte sich schon etwas Außergewöhnliches ereignet haben, sonst hätte mein Chef nicht ein Telegramm geschickt. Es war auch reiner Zufall, daß es mich zu Hause erreichte, und es war kurz genug. Es besagte nur, daß ich ihn vom Frühzug am Bahnhof abholen solle. Als ich ihn dort empfing, schien seine Laune nicht gerade sehr rosig zu sein. Er schimpfte über den Fliegeralarm unterwegs, das Wetter, über seinen Kaffee, der durch die geronnene Milch verdorben war – kurz, seine Stimmung war so, daß ihm alle, die ihn nicht genau kannten, liebend gern aus dem Wege gingen.

Nach dem Frühstück bei uns besserte sich jedoch seine Laune, denn er lobte bereits die hausgemachte Wildschweinleberwurst. Als ich ihm dann noch eine wirklich gute Zigarre aus einer fast vollen Kiste anbot, war er der „Alte", wie ich ihn kannte. Er nahm die Kiste und stellte sie neben sich: „Die nehmen wir mit wegen der Mücken. Lesen Sie jetzt diesen Brief, und Sie", er wandte sich an meine Frau, „packen bitte den Koffer Ihres Mannes, da wir erst Ende nächster Woche zurückkommen."

Das Schreiben war von einem Güterdirektor v. Schrader, der bat, daß die Forstabteilung die Bewirtschaftung der Gräflich v. Behr-Negendankschen Forsten in Semlow und Plennin aus den und den Gründen übernehmen möge. Da die Angelegenheit dringlich sei, wäre ein baldmöglichster Besuch erwünscht.

„Na, was sagen Sie dazu? Da können Sie mal wieder sehen, daß ich mich anscheinend um jeden Quark kümmern soll. Nehmen Sie jetzt alles mit, was wir dort brauchen. Die Zigarren verwahre ich." Er blickte auf die Banderole und legte mir dann den Betrag auf den Tisch. Eine Stunde später waren wir pünktlich in Plennin, wo uns Herr v. Schrader vor dem Schloß erwartete. Der ganze Vormittag verging mit Fragen und Gegenfragen, Karten und Unterlagen wurden gewälzt, und immer wieder wurden neue Berechnungen angestellt. Erst nach dem Essen konnten wir in den Wald fahren. Genau zehn Tage lang durchstreiften wir von früh bis spät sämtliche Bestände, maßen Baumhöhen, kluppten, schätzten oder ermittelten nach Ertragstafeln die Massen und zwängten uns durch dichte Fichtenstangen oder krochen durch Dickungen. Die Zigarrenkiste war längst leer, und wenn ich nicht genügend Tabak mitgenommen hätte, wären wir doch noch eine willkommene Beute der Mücken geworden. Dafür beendeten wir aber auch einen Tag früher als vorgesehen unsere Arbeit. Wir saßen in dem kühlen Schraderschen Wohnzimmer, tranken Limonade, und mein Chef hatte in dem Verwalter einen aufmerksamen Zuhörer. Dessen Sekretärin saß, sechs sauber angespitzte Bleistifte vor sich, neben ihm und wartete der Dinge, die für sie sicher auch noch kommen würden. Der Chef machte in seinem Resümee eine Pause und wandte sich an mich: „Nun, zu welcher Summe sind Sie gekommen?" Dann, wieder an Schrader gewendet, „Sie müssen wissen, daß wir beide wohl zusammen marschieren, aber getrennt rechnen. Also, wie sieht's bei Ihnen aus?"
Ich nahm meine Notizen: „Auf Grund des unverhältnismäßig hohen Anteils an Althölzern komme ich auf 8 Festmeter Derbholz je Hektar und Jahr; mithin 9600 Festmeter für beide Reviere zusammen und das bei einem recht hohen Wertholzanteil an Eiche, Esche und stellenweise auch bei der Buche."
Mein Chef klappte sein Notizbuch zu: „Großartig! Ich liege zwar noch etwas höher, aber es soll gelten. Sie sehen, Herr v. Schrader, daß Sie auch mit einer ganz beachtlichen Einnahme aus dem Wald rechnen können."
Der Güterdirektor hatte mit Staunen zugehört. Er stand auf:

„Da ich eine Sorge los bin, können wir jetzt wohl meiner letzten Flasche den Garaus machen. Fräulein Dora, holen Sie bitte Gläser."

Wir tranken uns zu; Schrader lehnte sich zufrieden zurück: „Nachdem wir so überaus schnell ins reine gekommen sind, werden Sie, Herr Landforstmeister, sich künftig auch wohl um die notwendigen Maßnahmen und vor allen Dingen besonders um den Holzverkauf kümmern?"

„Ich?" Das „ich" klang so lang, wie der Tag vor Johanni, „ich kann mich um solche Kleinigkeiten leider nicht kümmern. Aber dieser junge Mann hier, der wird alles bis zum Verkauf erledigen. Die 1200 Hektar machen ihm gar nichts aus. Und Sie, Fräulein Dora, haben so viele schöne, lange Bleistifte, damit können und werden Sie Holzlisten schreiben, bis alle nur noch so lang sind, wie meiner hier ist."

Er zeigte ein Bleistiftstummelchen von Fingergliedlänge, das er mit einem Bindfaden „an die Kette" gelegt hatte.

Ich protestierte: „Herr Landforstmeister, ich bitte zu bedenken, daß ich bereits auf 4400 Hektar ähnliche Arbeiten verrichten muß. Wenn ich . . .", er unterbrach mich.

„Eben! Ob Sie nun 4400 oder 5600 Hektar bearbeiten, das bleibt sich im Prinzip gleich. Sie haben einen Wagen, immer genügend Sprit und können auch beliebig viele Forstleute aus der Nachbarschaft zu Hilfeleistungen heranziehen. Außerdem haben Sie ja stets Ihre Büchse mit. Ihre Mehrarbeit dürfte deshalb sicherlich nicht uninteressant werden."

Damit war für ihn die Angelegenheit erledigt, denn er stopfte sich seine Pfeife und blickte zur Uhr: „Wenn wir jetzt aufbrechen, bekomme ich bequem meinen D-Zug. Wir können unterwegs sogar noch ein Glas Fliegerbier oder eine andere, ähnliche Brühe trinken."

v. Schrader hatte leise mit seiner Sekretärin gesprochen. Diese stand auf und verschwand. Er räusperte sich jetzt: „Meine Herren, da wäre noch etwas. Wie Sie wissen, ist Graf Behr verwundet und hier auf Urlaub. Er hat mir nun mitgeteilt, daß er von sich aus ab sofort, und vorläufig für fünf Jahre, auf die Jagd verzichten will, und daß er sie zur Verpachtung freistellt. Vielleicht wissen Sie einen Interessenten? Ich wäre Ihnen verbunden, wenn Sie auch diese Angelegenheit in die Hand nehmen würden."

Mein Chef schüttelte den Kopf: „Es tut mir leid, daß ich Ihnen hierbei nicht helfen kann. Einmal weiß ich nicht, wer da in Frage käme, zum anderen habe ich keine Zeit, um mich damit zu beschäftigen. Hier, Ihr künftiger Berater wird die Sache, so wie ich ihn kenne, auf irgendeine Weise schon aus der Welt schaffen."

Dora kam mit einem Aktenhefter zurück. Hatte sich bei den letzten Worten meines Vorgesetzten bereits etwas in meiner Erinnerung geregt, so wußte ich Sekunden später, wie ich die Angelegenheit anpacken würde.

„Ich nehme an, daß nicht an eine Verpachtung, sondern nur an die Vergabe des Abschusses für fünf Jahre gedacht ist. Welche Entschädigungssumme schwebt Ihnen dabei vor?"

Schrader schien sich nicht recht schlüssig zu sein: „Ich dachte an 5000,– pro Jahr; aber sehen Sie sich die Abschußpläne erst mal an."

Ich nahm beide, da sie getrennt für Semlow und Plennin aufgestellt waren, und sah sie durch. Dann gab ich mir einen moralischen Stoß. „Also, gut! Sie, Herr v. Schrader, geben mir eine entsprechende Vollmacht, und Fräulein Dora fertigt jetzt Abschriften von den Plänen an. Ich werde beide Jagden an den richtigen Mann bringen, aber 10 000,– je Jahr verlangen, wobei bei Unterzeichnung des Vertrages noch die Gesamtsumme für die fünf Jahre auf den Tisch des Hauses gelegt werden muß. Wenn allein 6 Hirsche der Klasse I und 2 Schaufler derselben Klasse in jedem Jahr frei sind und außerdem noch 35 Böcke, dann wäre ich ein sehr schlechter Berater, wenn ich das nicht berücksichtige. Zumal im letzten Jahr auch noch 62 Sauen geschossen wurden. Nein, unter 10 000,– gebe ich die Jagden auf keinen Fall weg."

Während Dora die Pläne abtippte, schrieb Herr v. Schrader die Vollmacht; mein Chef brummelte: „Jetzt bekomme ich meinen Zug doch nicht mehr."

Unterwegs hüllte er sich längere Zeit in Stillschweigen und erst,

als wir durch Richtenberg fuhren, meinte er: „Sie scheinen ja
bereits eine feste Vorstellung zu haben, wem Sie die 50 000,–
abknöpfen wollen."

„Ja, die habe ich – haargenau sogar. Außerdem halte ich jede
Wette, daß wir heute kein ‚Fliegerbier' trinken, und daß Sie
auch mit dem letzten Zug noch nicht heimkommen."

Statt zu wetten nahm er meinen Tabakbeutel und stopfte sich
seine Pfeife.

Als ich vor dem Hauptbahnhof hielt, blickte er zur Uhr und
schüttelte den Kopf; trotzdem folgte er mir in den Wartesaal.
Bevor wir in das anschließende Büro eintreten konnten, kam
ein Ober. „Tut mir leid, meine Herren, der Chef ist in einer
Konferenz. Ich darf Herrn Zickert nicht stören, und er wird Sie
auch kaum empfangen."

„Versuchen Sie es trotzdem und sagen Sie ihm, daß ich wegen
einer Jagd komme." Ich nannte meinen Namen.

Der Schwarzbefrackte verschwand, und der Chef schnupperte:
„Kognak." Einige Minuten später hatten alle „Konferenzteil-
nehmer" den Raum verlassen. Zurückgeblieben war nur mehr
ein milder, angenehmer Duft. Der Hausherr rückte die Sessel
zurecht. Wir nahmen Platz. „Herr Zickert! Vor ungefähr einem
halben Jahr fragten Sie mich, ob ich Ihnen nicht irgendwann
einmal eine Jagd hier in der Nähe nachweisen könne, da Ihnen
die Ihre bei Demmin zu weit sei. Jetzt kann ich Ihnen eine Jagd
anbieten, eine sehr gute sogar."

Zickert bekam einen roten Kopf.

„Wer verpachtet die Jagd?"

„Ich. Das heißt, der Abschuß soll auf fünf Jahre vergeben werden. Preis je Jahr 10 000,–; das Wild würde dann natürlich Ihnen
gehören. Bedingung: Vorauszahlung der Gesamtsumme."

Unser Gegenüber wurde immer kleiner, wurde mal blaß, dann
wieder hochrot. Schließlich raffte er sich auf: „Bester Oberförster, das ist ein Scherz; es muß ein Scherz sein. Wer ist denn
der Besitzer der Jagd?"

„Der Besitzer ist Graf Behr in Semlow. Hier ist meine Vollmacht, daß ich den Abschuß vergeben kann. Wenn Sie aber
für Ihre Bahnhofsgaststätte keine Verwendung für 60 Sauen,

30 Stücke Rot- und Damwild und für über 100 Rehe haben sollten, muß ich es woanders versuchen. Wie es dort mit Niederwild aussieht, weiß ich nicht genau. Nur so viel, daß bei der letzten Jagd vor ein paar Jahren auf dem Feld allein über 180 Hasen geschossen wurden. Die Entenjagd ist auch sehr gut, ebenso zeitweise die Jagd auf Gänse."

Ich wollte aufstehen, doch da fuhr Zickert wie von einer Tarantel gestochen hoch und drückte mich in den Sessel zurück: „Geben Sie mir noch fünf bis zehn Minuten Zeit, da ich mit meinem Jagdfreund in Demmin telefonieren muß", er klingelte den Kellner herbei, „kümmern Sie sich um die Herren."

Er verschwand und wollte anscheinend von einem anderen Apparat aus sprechen.

Nach einer viertel Stunde kam er zurück, ließ sich in einen Sessel sinken und wischte sich die Schweißperlen von seinem feisten Gesicht: „Ich übernehme den Abschuß zu den geforderten Bedingungen."

Ich gab ihm die Abschriften der Abschußpläne.

„Großartig! Dann werde ich sofort Herrn v. Schrader benachrichtigen, da er jetzt selbst den Vertrag mit Ihnen abschließen kann. Darf ich Ihr Telefon da benutzen?"

So wurde Otto, der Dicke, Jagdherr einer der besten Jagden Vorpommerns. Wir brauchten weder an diesem Tage noch sonst „Fliegerbier" zu trinken, und der Landforstmeister kam erst am nächsten Tag gerade noch mit dem letzten Zug weg.

Durch meine Berufsgeschäfte in Semlow und Plennin blieb ich natürlich auch mit dem „Dicken" in näherer Verbindung. Er hatte später eine nette und gutgelegene Jagdhütte gebaut, zu der wir öfter hinfuhren, oder bei der wir uns trafen. Meist übernachteten wir dort. Einmal wachte ich dort von einem kalten Luftzug auf. Als ich mich umdrehte, sah ich zuerst nur die glimmende Zigarette und dann undeutlich Otto, der am geöffneten Fenster stand. Als der „Dicke" merkte, daß ich wach war, tastete er über mein Kopfkissen, faßte nicht gerade sanft in meine Haare und rüttelte mich völlig wach.

„Los, hoch! Hör dir das bloß mal an."

Ich kroch aus den Federn und trat neben ihn. Daß mir der kalte

Damals noch jagdbares Wild – der Fischotter

Eine Melodie von Urliebe und Urhaß – der dröhnende Orgelton des Hirsches

Luftzug gerade angenehm war, konnte ich ni ht behaupten. Dem Dicken tat die Nachtkühle nichts, denn er ar überall gut gepolstert. Ich nahm seine angebotene Zigarette nicht, sondern horchte in die Nacht hinaus.

Fünf, sechs Hirsche schrien in der kilometerlangen Wiese, als ob sie dafür bezahlt würden.

Der Dicke warf seinen Zigarettenstummel aus dem Fenster: „Ich höre mir das Konzert der Edlen bereits eine halbe Stunde an, während du Faultier es verschläfst und nur schnarchst." Er schloß das Fenster und faßte meinen Arm.

„Komm mit und höre es dir vor der Tür richtig an. Dann wird auch dir warm ums Herz."

Obwohl ich mich gegen seinen Griff sträubte, zog er mich aus dem Zimmer hinaus und hinter sich her. Ob ich wollte oder nicht – ich mußte ihm im Schlafanzug und sogar barfuß bis vor die Hütte folgen. Er hatte recht. Ein solches Hirschkonzert hatte auch ich seit langem nicht gehört. Ich verlor die Lust an der reizvollen Stimmung jedoch bald, da ich in meinem Aufzug vor Kälte schnatterte.

Frierend schob ich mich wieder in mein Bett ein, konnte aber, da ich nicht mehr richtig warm wurde, lange Zeit nicht einschlafen. Der Dicke weckte mich bald abermals mitleidlos. Er hatte aber bereits das Frühstück für mich vorbereitet und meinen Rucksack gepackt. Er rauchte und beobachtete mich.

„Ich begreife nicht, wie ein Mensch so zeitig so viel futtern kann. Willst du denn nun heute wirklich nach Plennin ins ‚Kuhbruch'? Hier stehen doch wahrlich genügend gute Hirsche, die alle leichter zu haben sind als der in Plennin. Versuch es doch im ‚Alten Gatter'. Der Hirsch dort ist bestimmt besser als dein Sagenhirsch im ‚Kuhbruch', von dem wohl alle fabulieren, den aber noch niemand richtig angesprochen hat. Und dann der miserable Weg dorthin! Na, prost Mahlzeit." Er schüttelte sich. Ich stand auf.

„Dicker, ich will heute trotzdem nach Plennin. Übrigens hast du mit dem Ansprechen nur zum Teil recht. Der alte Haumeister hat mir den Hirsch nämlich sehr genau beschrieben. Er soll auch den Hochsitz, den er eigens für mich erstellt hat, nicht umsonst gebaut haben. Der Weg dorthin macht mir allerdings auch Sorge."

Mein Freund blickte mich nachdenklich an.

„So, so. Der Haumeister hat ihn dir also beschrieben. Davon wußte ich ja bisher gar nichts. Vermutlich wolltest du mich damit überraschen. Dann also guten Rutsch und Waidmannsheil."

Ich trennte mich von ihm mit dem gleichen Wunsch, nachdem ich erfahren hatte, daß er nicht wieder ins Bett, sondern selbst zum „Alten Gatter" wollte.

Mit einiger Schwierigkeit kam ich ans Ziel und ließ meinen Wagen an der Lisiere zurück. Auch den steilen Abstieg durch die Buchen schaffte ich gut. Dann kam der schwierigste Teil meines Fußmarsches. Da es noch völlig dunkel war, hatte der Haumeister für solche Fälle den Fahrweg durch das Bruch mit einer Erle in Brusthöhe abgesperrt, dort, wo der Pürschsteig in das Bruch hinein abzweigte und zum Hochstand führte.

Ich ging sehr vorsichtig und blieb mehrmals lauschend stehen – kein Hirsch meldete sich. Schließlich stieß ich gegen die Erle. Noch langsamer tastete ich mich auf dem unebenen, gewundenen Steig entlang, kam dank der Geländer und der dichtgelegten Stangen über vier Gräben hinweg und erreichte schließlich den Rand der Blöße. Ich hatte weder sie noch den Hochsitz vorher gesehen und wußte von dem Haumeister, daß es eine nicht mehr genutzte Wiese war. Zahlreiche Jungerlen und einzelne Anflugbirken sollten sie jetzt bestocken.

Es begann eben zu grauen, als ich oben saß und meine Sachen verstaut hatte.

Die Augen hatte ich geschlossen und lauschte – kein Hirsch tat den Äser auf, obwohl es recht frisch war. Der Dicke hatte, bis jetzt jedenfalls, mit seiner Voraussage anscheinend recht. Nur das leise, monotone Murmeln des breiten Abflußgrabens vor mir war zu hören. Er kam aus einem großen Torfmoor und mündete mehrere hundert Meter links von mir in die Recknitz.

Ich horchte auf und öffnete die Augen, als nach lautem Plätschern ein pustendes Schnaufen erklang. Sieh an, einer der hier auch zahlreichen Otter passierte den Graben und fischte auf die Recknitz zu.

Als es heller wurde, zogen Enten schnatternd ununterbrochen flußauf- und -abwärts. Sie bekamen paakend Antwort von denen, die bereits auf den verschiedenen Torflöchern saßen. Sonst blieb alles still und friedlich – die Hirsche hier in Plennin waren heute tatsächlich „maulfaul".

Der alte, erfahrene Waldarbeiter hatte mir den Vierzehnender in einem traulichen Gespräch bei einem Glas Bier und mehreren „Kloren" nicht nur genau beschrieben, sondern seinen Einstand auch ebenso eingehend geschildert. Danach sollte der starke Hirsch mit seinem Rudel entweder in den Erlenbeständen um den Hochsitz herumstehen oder aber in dem angrenzenden Rohrgelege brunften.

Mir wäre sein „Entweder" allerdings lieber gewesen als das „Oder", denn in das nasse, unübersichtliche Rohr konnte ich unmöglich hinein.

Ich war bei unserm Abschied nicht nur von seinem kräftigen Händedruck überrascht, sondern mehr noch von seinen Abschiedsworten „Jung, den möts du unbedingt scheiten, von dem Stand warst du em awer ok bestimmt kriejen" derart beindruckt worden, daß ich sogar den wohlgemeinten Rat des Dicken unbeachtet ließ.

Obwohl ich um halb vier bereits gut gefrühstückt hatte, packte ich jetzt meinen Rucksack aus. Hm, der Dicke hatte an alles gedacht. Als ich einen Armagnac als Schlußpunkt hinter das zweite Frühstück gesetzt hatte, brannte ich mir eine Zigarre an.

Um 8 Uhr schnitt ich mir von einem Erlenästchen zwei kleine Stäbchen ab. Das kürzere bedeutete: Noch eine Stunde ansitzen – das andere: Eine weitere dazu. Ich wählte korrekt mit geschlossenen Augen und zog aus dem Hut das längere.

Innerlich war ich jetzt so zufrieden, daß ich mir eine zweite Zigarre gönnte. Sie war in Brand. Ich lehnte mich zurück und tat den ersten Zug – da schrie links von mir ein Hirsch mit tiefem, vollem Hals; gleich hinterher folgte ein ebenso tiefer Brummer.

Ich fuhr so heftig zusammen, daß mir fast die Zigarre aus dem Mund fiel.

Der Hirsch schrie abermals und knörte, wobei er kleine Pausen einlegte. Er schien faul und müde zu sein und stand noch links von dem Pirschsteig, der über den Graben weg bis an den nächsten festen Weg führte. Da der Wind von halbrechts auf mich zustand, war anzunehmen, daß das Wild gegen den Wind und durch die Erlen in das angrenzende Rohr ziehen würde, um sich dort einzustellen.

Ich legte mein Glas ab, tötete die Glut meiner Zigarre, stieg vom Hochsitz herunter und nahm nur meine 7 × 64 und den Zielstock mit. Wenn ich rechtzeitig vor dem Hirsch in den Erlen dort drinnen ankam, konnte ich ihn vielleicht abfassen, obwohl das Bruch auch stellenweise von Rohrflächen durchstellt war.

Auf dem holprigen Steig kam ich schnell voran. Es lagen noch keine Äste und Reiser darauf. Eine ganze Strecke war ich bereits in den Erlen, als ich das Wild in die Nase bekam. Ich lehnte deshalb den Stock an eine Erle dicht neben mir und strich am Baum an. Er kam mir dafür noch besser vor als mein Stock.

Äste brachen, Rohr rauschte und Wasser plätscherte. Über eine Lücke weg trollte ein Tier, dem der Hirsch folgte – es war der Vierzehnender. Beide verschwanden in einem Rohrhorst, über dem nur noch das weitausgelegte Geweih schaukelte. Hinterher!

Da merkte ich, daß ich meinen Zielstock vergessen hatte. Ich verhielt, griff nach dem Stock, stieß ihn an, so daß er umfiel. Mit einem Ruck beugte ich mich vor und hatte ihn – aber auch gleichzeitig den schönsten Hexenschuß; er ist eben doch eine meiner Berufskrankheiten.

Ich stand gebückt, konnte mich kaum rühren und war, wie ich wußte, wieder mal für die nächste Zeit außer Gefecht. Mir brach der Schweiß aus, da es abermals vor mir knackte und brach.

Ich riß mich jedoch zusammen, sank in die Knie, ließ mich in den Steig hinein langsam fallen und drehte mich auf die Seite. Mit dem Kopf lag ich hinter einem Wurmfarn, der nicht viel größer war als ein Blumentopf samt Alpenveilchen. Sollte ich nun über die Situation lachen oder über meine Hilflosigkeit heulen? Dem Dicken würde ich jedenfalls einige passende Worte sagen, da nur die Kälte vor der Tür und die Zugluft vom Fenster schuld an dem Hexenschuß sein konnten. Ich lag unbeweglich hinter meiner kümmerlichen Deckung, hatte die Nase auf der Erde und spürte bald die Kühle des Moorbodens. Ein Ast brach mit lautem Knacken, und etwas später stieß der Hirsch wieder an. Er stand jetzt bereits viel weiter rechts. Genau vor mir schob sich, kaum dreißig Gänge entfernt, ein Alttier aus dem Rohr heraus und verhoffte auf dem Pürschsteig. Es äugte nach dorthin, wo eben der Hirsch meldete. Dem Stück folgten noch weitere sechs Stücke Kahlwild. Wenig später war das Rudel außer Sicht.

Ich ließ meinen Kopf auf den untergeschobenen Arm sinken und seufzte erleichtert – obwohl ich hier wie Butter in der Sonne lag, hatte mich keins der Tiere eräugt. Eigentlich mußte ich dem Hexenschuß noch dankbar sein, daß er mich an den Fleck gebannt hatte. Ohne ihn wäre ich weitergeschlichen und mit dem Kahlwild zusammengestoßen.

Nachdem ich noch eine ganze Weile gelegen hatte, richtete ich mich behutsam auf, sammelte meine Sachen zusammen und stakte langsam und steifbeinig zum Hochstand zurück. Von dem Brunftrudel war nichts mehr zu hören.

Mit einigen Schwierigkeiten kam ich sogar wieder hinauf, setzte mich, nahm einen anständigen Zug aus der Flasche und wischte mir den Schweiß ab – der Schuß der Hexe hatte wieder mal richtig gesessen.

Ich warf die beiden Stäbchen, mit denen ich mich vorhin unterhalten hatte, fort und bewegte vorsichtig den Oberkörper. Wenn es so weiter blieb, hockte ich wie ein Holzklotz nach drei Stunden noch hier oben. Es war jetzt bereits 11 Uhr.

In den Erlen halbrechts vor mir brach ein Ast!

Ich rutschte etwas herum, angelte mir meine Büchse und überzeugte mich, daß die Mündung nicht mit Moorerde verstopft war. Das Zielfernrohr war auch in Ordnung. Wieder knisterte es im Bestand, und dann tauchten zwischen Erlen zwei Geweihstangen auf. Etwas später stand ein Hirsch am Rande des Grabens und äugte zurück. Es war ein junger Zwölfer. Er überfiel mit einer weiten Flucht den Graben, trollte über die Blöße und äugte vom Erlenrand her abermals zurück. Wenig später war er im Jungwuchs verschwunden.

Ich rückte noch etwas mehr an die Brüstung heran, legte hier meine Büchse auf den untergeschobenen Hut und war bereit. Zehn Minuten vergingen. Ich saß stocksteif, denn jetzt wollte ich durch eine unbedachte Bewegung einen zweiten Schuß nicht unbedingt herausfordern.

Im Bestand brachen erneut Äste, Zweige rauschten, und dann knörte dort drinnen der Hirsch – einmal und nach einer Weile nochmals.

Jetzt wurde es ernst!

Vorsichtig rückte ich mich zurecht, stach und ging in Anschlag. Durch das Fernrohr beobachtete ich den Erlenrand hinter dem Graben.

Dann kamen sie!

Acht Stücke Kahlwild planschten mit Getöse durch das Fließ und zogen auf siebzig Schritte auf die Blöße.

Ich hatte den Hirsch sofort im Glas, als er aus den Erlen heraustrat und am jenseitigen Grabenrand verhoffte. Mit einem Blick erkannte ich die langen, vierendigen Kronen und das weitausgelegte, hochstangige Geweih. Der Finger lag am Abzug.

Der Hirsch nahm das Haupt herunter, überfiel mit hoher Flucht den Graben, zog einige Meter weiter und verhoffte.

Jetzt!

Im Schuß schnellte er fast senkrecht hoch, kam wieder auf die Läufe, knickte vorn ein und preschte mit tiefgehaltenem Haupt über die Blöße. Prasselnd durchbrach er die Jungerlen am Blößenrand und polterte außer Sicht in den Erlenstangen weiter fort. Seine Fahrt endete dort drinnen mit einem hellen, harten Knall.

Das Kahlwild, das sich hinter dem Leittier in einem Pulk zusammengerudelt hatte und dem Hirsch nachäugte, wurde jetzt erst flüchtig. Es bekam von mir Wind und verschwand brechend in den Erlen. Genau dort, wo der Pürschsteig herauskam.

Ich repetierte nicht mehr, stellte die Büchse weg und lehnte müde und zermürbt den Kopf an die Brüstung.

Braver, alter Haumeister!

Noch eine Zigarrenlänge blieb ich sitzen und baumte dann erst ab. Ich fand den Hirsch sofort, auch ohne der Schweißfährte zu folgen. Es war ein starker, allerdings nicht übermäßig alter Ia-Hirsch und genauso stark wie der, den der Dicke mit mir zusammen in Semlow geschossen hatte. Da ich ihn mit meinem schmerzenden Rücken nicht aufbrechen konnte, schärfte ich nur die Brunftkugeln und die Brunftrute heraus und lüftete ihn. Auch das ging nicht sehr schnell, da ich mehrere Kunstpausen einlegen mußte.

Der Rückmarsch zum Wagen und die Fahrt zur Jagdhütte verliefen dagegen ohne Zwischenfall. Als ich langsam und krumm aus dem Auto kroch und so stehen blieb, kam der Dicke gerade um die Hüttenecke. Erschrocken kam er heran. Ich beruhigte ihn und erzählte ihm in der Hütte den ganzen Verlauf der Geschehnisse. Danach stand er überlegend still und rieb sich die Nase.

„Ich werde jetzt also mit deinem Wagen losfahren, damit der Hirsch eingeholt wird."

„Richtig; du wirst ihn vorher aber noch versorgen und meine Sachen vom Hochsitz mitbringen. Ich freue mich, daß es auch eine Gerechtigkeit gibt. Der Vierzehnender riecht nämlich nicht gerade nach Rosen. Bring auch den Haumeister mit. Ich werde ihm jetzt einige seiner flüssigen ‚Spezialitäten' kaltstellen."

Der Dicke kratzte nochmals sein Riechorgan und ging ab.

Ich machte mich auf der Chaise lang. – Trotz meines „peinlichen" Schusses war ich recht zufrieden.

Saudusel

Obwohl mein Personengedächtnis gut ist, erkannte ich den Unteroffizier erst, als er mich ansprach. Es war Revierförster Bruno Melz aus Gäthgenhagen, der in seiner jetzigen Uniform doch anders als sonst aussah. Er erzählte, daß er seit einer

Woche einberufen und jetzt in der P.-M.-Kaserne sei. Ferner, daß auch sein Chef, Graf v. d. Groeben, Diwitz, eingezogen wäre.

Über die Einberufung von Melz wunderte ich mich, da ich für ihn mit Erfolg einen Uk-Antrag gestellt und diesen vor mehreren Wochen selbst bei der Militärdienststelle abgegeben hatte; außerdem war er mit seinen fünfzig Jahren auch nicht mehr gerade der Allerjüngste. Nachdem er sich verabschiedet hatte trabte ich los, um mich nach meinem Antrag zu erkundigen.

Nach drei Tagen besuchte Melz mich abermals – allerdings jetzt wieder in der Uniform, in der er mir bisher bekannt war. Er konnte sich somit friedlicheren Zwecken und Zielen widmen, wobei ich ihm aus beruflichen Gründen nach besten Kräften half.

Kein Laut unterbrach die Stille des Oktoberabends. Ab und zu zitterte der Hochsitz kaum merklich, wenn Melz das Glas an die Augen hob und das Vorgelände musterte. Kein einziges Stück Wild war während unserer Anwesenheit hier sichtbar geworden. Kein Hirschschrei hatte uns aufhorchen lassen.

Trotzdem fühlte ich mich wohl wie selten zuvor. Was besagte schon die beinahe greifbare Ruhe um uns herum, und was die einschränkende Bemerkung Graf v. d. Groebens, möglichst keinen stärkeren Hirsch zu schießen wie derjenige es war, den sein Bruder Heinrich vor kurzem gestreckt hatte? Über 9 kg wog das Geweih des kapitalen Achtzehnenders, den sich dieser, knappe 600 Meter von unserm heutigen Ansitz entfernt, vor einigen Tagen erpirscht hatte.

Ich hatte einen guten Hirsch frei, und über 9 kg schwere Geweihe waren auch in dem guten Diwitzer Revier selten.

Kurz vor Schwinden des Büchsenlichts erschien links ein Stück Rotwild. Ich konnte erst nicht recht schlau werden, was es war, bis Melz aufgeregt raunte: „Der alte Mönch." Tatsächlich! – Die Figur war mir wohl aufgefallen, obwohl das Geweih fehlte.

Melz, der den Mönch seit Jahren kannte, wollte ihn jetzt gern weghaben. Ich entschloß mich daher auch ohne langes Zureden zu einem Schuß, jedoch kam es nicht dazu, da der Hirsch vorher zurückwechselte.

Etwas später baumten wir ab und gingen heim. Den ganzen Abend schwelgten wir in Brunfterinnerungen und Erzählungen. Spät kamen wir ins Bett.

Als wir am andern Morgen das Forsthaus und den kleinen Ort verließen, war es empfindlich kalt. Kaum hatten wir das Dorf hinter uns, als wir wie auf Kommando stehenblieben. Dröhnend hallte uns mit einem Male das Schreien mehrerer Hirsche entgegen. Sechs Hirsche waren es, die um uns herum schrien und meldeten. Es war ein Betrieb, wie zur besten Zeit der Brunft. Melz zählte sofort die Hirsche nach ihren Standorten auf: der schrie da, der da und der dort. Und der, ja, der schreie im „Mittelblock", eben dort, wo wir gestern überhaupt nichts vernahmen.

So hatte die eine kalte Nacht plötzlich wieder Leben in die abgeflaute Brunft gebracht.

Des Windes wegen mußten wir einen Umweg an der Barther Grenze entlang machen. Alles ging gut. Weiter weg, nach Diwitz zu, schrie in den „Heidbergen" ebenfalls ein Hirsch. Der Weg, den wir entlang mußten, war von der Holzabfuhr zerfahren und nur schlecht begehbar. Wollten wir das Wild nicht vertreten, mußten wir erst mehr Helligkeit abwarten. Also taten wir uns nieder. Ununterbrochen schrien die Hirsche, wobei ich feststellte, daß „unser" Hirsch am rührigsten war und auch die beste Stimme hatte. Es sollte ein starker, ungerader Vierzehnender sein.

Als es heller geworden war, schoben wir uns auf der nicht zerfahrenen Grabenkante des Weges langsam bis zu unserem Hochstand. Wir kamen so bis auf achtzig Gänge an ihn heran, als plötzlich halbrechts in dem Buchenaltholz ein Höllenspuk losging. Polternd überfiel ein Hirsch dicht vor uns den Weg. Hinter ihm her dröhnte ein Schrei von so uriger Wildheit, daß ich den Boden zittern vermeinte. Zusammengekauert starrten wir beiden armen Menschlein in das Dämmerdunkel der Buchen. Für einen Augenblick sah ich wohl einen starken Wildkörper, doch wenig später schrie der Hirsch wieder im verfilzten Bruch. Jetzt aber nichts wie rauf auf den Hochsitz! Ohne Geräusch kamen wir hinauf. Dann wurde es hell, während das bisher pausenlose

Schreien der Hirsche abklang. Ab und zu noch ein böser Trenzer vor uns und ein Ton, als ob jemand mit einem Stock auf einen gefüllten, nassen Sack schlägt. „Der Pascha sorgt bei seinen Damen für Ordnung", meinte Bruno Melz.

Tief in dem wildverwachsenen Teil des Bestandes dann und wann noch Geweihklappern. Nun herrschte hier Ruhe wie am Vorabend. Um 9 Uhr stiegen wir ab, waren aber um 3 Uhr wieder da.

Wie am Vortag war es lange Zeit ruhig. Kein Hirsch meldete. Plötzlich faßte Bruno meinen Arm und deutete an den andern Rand der Erlenblöße. Aus einem Gewirr von Schilf, Rohr, Nesseln und Hopfen heraus tauchte ein weit ausgelegtes Geweih auf, schaukelte heran, verschwand zeitweilig, war wieder da.

„Fertigmachen." Melz hatte sein Glas am Kopf. Ich beobachtete den heranziehenden Hirsch ebenfalls.

„Sind denn Schilf und Rohr dort so hoch, daß man den Hirsch nicht sehen kann?"

„Nein. Der Hirsch kommt in dem Entwässerungsgraben heran. Gleich wird er aussteigen."

Aha! Und er stieg aus dem Graben heraus. Jetzt bot er, naß und tiefrot, ein prächtiges Bild. Gut im Wildbret. Zwölfer, weit ausgelegte, hohe Stangen, lange Kronenenden – aber dünne Stangen. Ein jüngerer, sehr gut veranlagter Zukunftshirsch. So war auch Brunos Meinung nach eingehender Begutachtung.

Die bereitgehaltene 7×64 kam wieder in Ruhestellung. Langsam kam der Zwölfer näher und naschte faul hier und dort im Gekräut umher. Sonst ereignete sich lange nichts. Dann warf der Hirsch jedoch auf und äugte in das Bruch halblinks von uns zurück.

Wieder tauchte aus dem Wirrwarr ein Geweih auf, dann stand der Hirsch frei auf einer Schluppe. Ich hatte sofort das Glas im Gesicht. Acht Enden, lange Enden und armstarke Stangen, sehr starker Wildkörper. Die Stangen nicht übermäßig lang und hell.

Ein alter Achter. Bruno hatte den Befund auch ermittelt. „Guter Abschußhirsch, steht sonst in der Stadtforst, müßte eigentlich weg." – „Was heißt hier müßte? Muß und wird." Ich hatte meinen Repetierer ergriffen.

Langsam zog der Hirsch näher, warf kaum auf, stand jetzt spitz von vorn in Höhe des Zwölfers, kaum vierzig Schritte von diesem ab und noch etwas durch Stockausschläge verdeckt. „Wenn er frei und breit tritt, schieße ich." Bruno nickte. Er beobachtete mit dem Glase, während ich aufgelegt mit dem sechsfachen Zielfernrohr den Achter beleuchtete. Lange Zeit schaute ich mir durch die Erlen hindurch den verhoffenden Hirsch an. Ja, es war ein guter Abschußhirsch.

So mochten wohl zehn Minuten vergangen sein, als der Achter etwas nach rechts abbog und frei trat. Schuß! Mit einer hohen, aufbäumenden Flucht quittierte er die Kugel und prasselte ab. In einer dichten Erlengruppe endete seine Todesfahrt. Nur die Erlen wurden noch eine Weile hin und her geworfen.

Ich setzte langsam ab und schaute in Brunos entgeistertes, blasses Gesicht. Ich war ob seines Aussehens erstaunt. Gerade wollte ich etwas fragen, als dieser heiser sagte: „Ich dachte, Sie wollten den Achter schießen und jetzt hat der Zwölfer die Kugel." – Ungläubig lächelte ich. Da zeigte er auf den Zwölfer, der das Haupt tief gesenkt hielt und mit krummen Rücken dastand. Melz wurde lebhaft: „Geben Sie dem Hirsch den Fangschuß. Ich habe deutlich gesehen, wie er Ihre Kugel bekam. Er ruckte auf den Schuß hin stark zusammen und steht jetzt schwerkrank da."

Ich hatte mit einem Blick noch einmal die Lage vor uns überschaut – ausgeschlossen – der Hirsch konnte nichts von meiner Kugel abbekommen haben. Ich stellte meine Büchse weg. – Nun wurde Bruno erst richtig aufgeregt. Flüsternd beschwor er mich, dem immer noch gekrümmt dastehenden Zwölfer den Fang zu geben.

Ich lehnte ab, beschrieb ihm den Stand, Schuß und das Zeichnen des beschossenen Achters. So ging es eine Weile hin und her, während der Hirsch noch immer mit krummem Rücken vor uns stand. Typisch schwerkrank.

Immer wieder beschrieb Bruno mir das von ihm gesehene Zeichnen, während ich ihm die praktische Unmöglichkeit eines Krankseins bei dem Winkel der Hirsche zueinander darlegte.

Melz, ein sehr erfahrener, nüchterner Jäger und ausgezeichneter

Beobachter des Wildes, war ob meiner Ablehnung, dem Hirsch den Fangschuß zu geben, schließlich so verzagt, daß er seine Büchse ergriff, um selbst den erlösenden Schuß zu tun.

Nun begann mein Kampf mit ihm, um ihn von dem Schuß abzuhalten. – Während unseres wirklich nicht leisen Disputs stand der Hirsch wie erstarrt.

„Machen Sie sich fertig. Ich schreie den Hirsch jetzt an", damit stand ich auf und nahm den Hirschruf.

Mein „Oah, oah" hatte eine zweifache Wirkung: Der Hirsch nahm den Kopf hoch, zog einen Schritt weiter, legte das Geweih hintenüber, öffnete den Aeser, ließ aber keinen Laut hören.

Bruno schaute bald mich, bald den Hirsch an, der wenig später abtrollte, legte den Sicherungsflügel herum und stach seine Büchse ab.

Tiefsinnig meinte er dabei: „Das hätte um ein Haar eine schöne Schweinerei gegeben, wenn Sie nicht so standhaft gewesen wären."

Ja, wenn! Ich erzählte ihm nun nochmals meine Schußwirkung und wies ihn dann von oben aus ein. Er fand den Achter sofort. Die Kugel saß gut Blatt. Es war ein alter, zwölfjähriger Hirsch. Das Geweih wog gute zehn Pfund.

Das gemeinsame Erlebnis an jenem Abend hat uns zu guten Freunden gemacht und uns immer wieder gefreut, besonders wenn wir beide zusammen anderen Waidgenossen unser gegenseitiges Benehmen drastisch schilderten.

Sehr viel hat allerdings auch nicht gefehlt, dann wären an jenem Abend zwei Hirsche gefallen.

Ich bin in den folgenden Jahren noch sehr oft in dem stillen, freundlichen Gäthgenhagen gewesen und habe dabei noch manches Stück Rotwild und manche Sau auf die Decke oder Schwarte legen können.

Da ich auch einen Teil meines Urlaubs dort verbrachte, kannte ich nicht nur das Diwitzer Revier, sondern auch bald den angepachteten Teil der Barther Stadtforst so genau wie meine „Hosentasche". Bruno selbst war froh, daß ich ihm beim Abschuß half, zumal er genügend mit forstlichen Arbeiten zu tun hatte. Außerdem waren Schützen so knapp, daß größere Drückjagden nur selten, eigentlich nur ein- oder zweimal im Jahr stattfinden konnten.

Trotzdem war es Bruno mit Mühe und Not gelungen, die erforderliche Schützenzahl zusammenzubringen, damit die sonst traditionelle Wildjagd zwischen Weihnachten und Neujahr stattfinden konnte. Er saß an deren Vorabend, mit Bleistift und Papier bewaffnet, zeichnete Skizzen und vermerkte die einzelnen Stände, während ich ihn rauchend beobachtete. Schließlich legte er seinen Bleistift fort: „So, das wäre geschafft! Wir fangen also morgen im Frauendorfer bei der Bahnstrecke an und sind mit den sechs Treiben bis Mittag fertig. Vor der ‚Röhrenkoppel‘ wird kurz gefrühstückt, und anschließend werden diese und die ‚Heidberge‘ getrieben. Sollten wir damit frühzeitig genug fertig werden, können wir noch die ‚Kirchenkoppel‘ oder den ‚Mittelblock‘ nehmen. Da, sieh dir mal die Skizzen an, wo und wie ich die Stände verteilt habe."

Ich nahm die Blätter und sah sie flüchtig durch.

„Sag mal, Bruno, wie wäre es, wenn ich während der sechs Frauendorfer Treiben unten auf dem Weg vor den Eschen sitzen würde? Wenn irgendwo Rotwild steht, wird es doch bestimmt durch die Knallerei oder durch überjagende Hunde rege, und es kommt dann unten bei den Eschen. Oder wenn Sauen oben beschossen werden, die kommen erfahrungsgemäß ebenfalls rechts oder links von meinem Stand, da sie sich zwischendurch nicht mehr stecken. Na, was meinst du dazu?"

Bruno sah mich nachdenklich an: „Du hast recht! Wenn du fast vier Stunden auf einem Fleck sitzen und dir dabei unbedingt Eiszapfen an die Nase frieren lassen willst, meinetwegen. Schimpf mich nachher, wenn es so ist, aber nicht ‚krummer Hund‘. Du hast es dann ja so gewollt."

Punkt ¹/₂9 Uhr bohrte ich mir neben einer Kopfweide ein Loch für meinen Sitzstock und lehnte meine Büchse an den Baum. Die Schützen- und Treiberkette zog schweigend an mir vorbei, um zum ersten Treiben zu kommen. Nur der alte Vendt blieb kurz stehen: „Sei warn hier noch 'nen kollen Ors kriegen", dann ging er ab.

Eine gute halbe Stunde hatte ich noch Zeit, denn eher war das erste Treiben nicht abgestellt. Also stopfte ich mir eine Pfeife. Als jedoch in der Ferne ein Doppelschuß, dem sofort ein dritter folgte, fielen, ergriff ich meinen Repetierer. Jetzt würde es sich sehr bald zeigen, ob mein Stand wirklich in der „Auffangstellung" lag. Da die Eschen im Vorjahr durchforstet waren, hatte ich einen guten Einblick.

So sah ich denn auch sofort den großen, schwarzen Klumpen, der noch weit drinnen auftauchte, wieder stellenweise verschwand und schließlich als starker Keiler den geschlängelten Wechsel rechts von mir hielt. Ich erwartete ihn mit angeschlagener Waffe. Unmittelbar vor dem breiten Wegegraben verhoffte er und stand völlig frei – Schuß!

Er versuchte zwar noch den Graben zu nehmen, rutschte jedoch von der Kante zurück und lag schlegelnd im Graben. Ein Fangschuß war aber nicht mehr notwendig.

Ich hatte nachgeladen, meine Büchse lehnte wieder an der Weide, und ich rauchte sehr zufrieden meine Pfeife – da fielen mehrere Schüsse hintereinander, denen wenig später eine weitere Serie folgte.

Dieses Mal kam Wild links von mir, denn ich hörte es in den trockenen Ästen brechen, bevor ich es sah. Sofort lief ich bis zur übernächsten Weide. Die Rotte von Überläufern hatte es mächtig eilig und hielt einen Wechsel, wo sie mir auf dreißig Gänge über den Weg kommen mußte.

Das erste Stück beschoß ich am diesseitigen Grabenrand, ein zweites mitten auf dem Weg, den dritten Überläufer auf der anderen Seite. Da keines der Stücke lag, es jedoch in dem benachbarten Buchenaufschlag knackte und brach, lief ich über den Weg und lud im Laufen nach – zwei Überläufer lagen im Graben, der dritte verendete wenige Meter in dem Jungwuchs, gerade, als ich die Büchse zum Fangschuß hob.

Zu meiner Weide kam ich nicht mehr zurück, denn jetzt flüchtete in voller Fahrt eine andere Rotte auf dem gleichen Wechsel heran. Ich konnte mich nur klein machen.

Den ersten Überläufer beschoß ich etwas schräg von vorn – er schlitterte und blieb schlegelnd im Weg. Neben und über ihn weg preschten zwei, drei andere Sauen – ich beschoß den letzten, der rutschend zusammenbrach –, dann war auch schon die Masse der Rotte im Pulk auf dem Weg. Ich konnte nur noch das letzte Stück beschießen, als es in den Aufschlag hinein fuhr. Es lag nach wenigen Metern.

So, wenn das hier kein „Auffangposten" war, dann gab es keinen mehr. Außer Patronen nahm ich noch eine Flasche aus dem Rucksack und aus ihr einen langen Zug – wenigstens sollte mir hier der Magen nicht auch noch kalt werden. Es war fast 12 Uhr geworden, als auf dem Weg hinter den Eschen einige Schützen auftauchten und sich nach rechts und links verteilten. Bruno hob winkend den Arm – das letzte Treiben stand also kurz bevor.

Sogleich stand ich auf, vertrat mir kräftig die Beine und machte mich fertig; und wieder fielen kurz nacheinander vor mir mehrere Schüsse.

Abermals kamen sechs Überläufer in voller Fahrt prasselnd auf dem Wechsel, gefolgt von einem starken Stück, das der Rotte mit etwas Abstand folgte. Vierzig Schritte vor dem Weg verhofften die Überläufer und wurden so von der starken Sau überholt, die wenig später durch den Graben fegte. Hier sah ich gleich den kurzen Wurf mit dem Gewaff und schoß, als der Keiler die andere Wegseite erreicht hatte. – Stille –

Mit einigen langen Schritten war auch ich am anderen Graben; der Keiler lag halb auf der anderen Böschung. Wo die übrigen Sauen geblieben waren, weiß ich nicht; ich habe sie im Eifer des Gefechts nicht mehr gesehen.

Im Laufe der Jahre hatte ich nicht nur den Großteil der Reviere kennengelernt, sondern ich wußte auch, welche Sorgen und Nöte deren Besitzer hatten. Meistens klappte die Holzabfuhr nicht, es fehlte dauernd an geeigneten Arbeitskräften, oder die Ersatzteile für Motorsägen und der notwendige Treibstoff hierfür waren nicht aufzutreiben.

Ganz anders klang jedoch ein Schreiben aus Blesewitz. In ihm teilte der Besitzer mit, daß sein ganzes Revier völlig unter Wasser stehe. Was er tun solle.

Das Gut hatte nach den Unterlagen 150 Hektar Eschen- und Erlenbestände, die vermutlich schon immer durchweg naß waren. Da der Wald in einem Block und auch noch isoliert lag, war jetzt anscheinend wieder die Vorflut nicht in Ordnung. Ich stellte daher meinen Reiseplan für die Woche derart zusammen, daß ich dort am Sonnabend nachmittag zu einer Besichtigung eintreffen konnte.

Ich kam in Blesewitz nur mit geringer Verspätung an und wurde vor dem Gutshaus bereits von dem Besitzer erwartet. Herr Kolbe, ein sehr ruhiger und netter Mann, beäugte meine langen Gummistiefel, nickte anerkennend und sah mir teilnehmend zu, wie ich mich in die engen Röhren derselben hineinquälte. Während ich so meine unteren Extremitäten abdichtete, erschien die Hausfrau. Auch sie beobachtete diese Zeremonie, doch hatte sie meinen Repetierer auf dem Rücksitz bemerkt: „Oh, Sie haben ja auch ein Gewehr mit! Männe, kommt doch noch ins Haus, damit du Herrn Hoffmann deine letzten Erlebnisse im Wald erzählen kannst."

Wir saßen im geräumigen Wohnzimmer und hatten jeder, wie durch Zauberei übrigens, ein Glas Portwein vor uns stehen. Herr Kolbe drehte das seine sinnend im Kreis, dann begann er: „Sie müssen vorweg wissen, daß ich kein guter Jäger bin. In den letzten Tagen war ich nun mehrmals im Wald, um für heute einen einigermaßen gangbaren Weg auszusuchen. Dabei habe ich jedesmal, und stets an verschiedenen Stellen, Sauen hochgemacht, die dann so dickfellig waren, daß sie mir kaum Platz machen wollten. Na wartet, dachte ich gestern, heute nehme ich aber ‚Rex' mit. Ich nahm also unseren Schäferhund mit und freute mich schon vorher auf das, was kommen würde. Hätte ich das doch nur nicht getan! Natürlich ging ich auch gleich dorthin, wo sich an den Vortagen die Sauen so komisch benahmen. Dieses Mal waren dort aber keine zu finden. Ich war bereits auf dem Heimweg, hatte ‚Rex' an der Leine und dachte an nichts Böses, da riß er mir plötzlich die Leine aus der Hand und verschwand auch schon im Schilf neben mir. Einen Augenblick herrschte noch Stille, doch dann war dort drinnen der Teufel los – eine Sau schrie, dann flog der Hund jaulend hoch durch die Luft bis über das Schilf weg, und schon sausten er und wohl zehn, fünfzehn Schweine so dicht an mir vorbei, daß ich mich jetzt noch wundere, weshalb sie mich nicht umgerannt haben. Rex ist später hier mit zerrissener Leine angekommen, und wir sind froh, daß ihm nichts Ernstliches passiert ist."

Kolbe schwieg, nahm aber dafür einen herzhaften Schluck, während ich ihn verblüfft anstarrte. Das war ja allerhand!

Anders so die Frau des Hauses: „Sehen Sie, Herr Hoffmann, als ich Ihre Büchse sah, dachte ich mir gleich, daß Sie sich auch als Jäger für unser Revier interessieren würden."

Bei einem zweiten Glas erfuhr ich noch, daß im Wald eigentlich ständig Sauen steckten und daß bei den Jagden dort bisher merkwürdigerweise nicht eine einzige zur Strecke gekommen war. Wieder mußte ich staunen.

Zehn Minuten später fuhren wir ab, nachdem ich meine 7 × 64 mit fünf Patronen unterladen hatte. Eingangs des Waldes verhielt der Kutscher vor einer breiten Schneise, denn jetzt begann für Kolbe und mich die Wasserpantomime.

Mit hartem Klappern des Schlosses glitt die erste Patrone in den Lauf.

Da der Wald durch drei Längs- und ebenso viele Querschneisen in sechzehn fast gleichgroße Blocks aufgeteilt war, und es überall naß sein sollte, war es gleichgültig, auf welchem Gestell wir bis zum Grenzgraben gelangen würden.

Kolbe ging rechts von mir. Wir wateten und patschten die Schneise entlang, die sich wie ein verkrauteter, breiter Bach ausnahm. In den Beständen rechts und links von ihr stand stellenweise gleichfalls Wasser. Die erste Querschneise hatten wir erreicht, und mein Begleiter zeigte nach rechts, meinte, daß er unweit der dicken Esche auch Sauen gesehen habe. Dann ging es weiter.

Wir waren aber kaum vierzig Meter weit gekommen, als links neben dem Gestell ein großer Schilfhaufen auseinanderplatzte, und schon rauschten mehrere Überläufer in Richtung auf die eben überschrittene Schneise ab.

Ich kam nur wenig später als die Rotte auf ihr an und beschoß die letzte Sau, als sie in einem Wasserschwall über sie fuhr – weit weg wurde von der Kugel eine Fontäne hochgeworfen – vorbei!

Jetzt mußten sie mir über das Gestell kommen, auf dem wir standen, und vor dem unten immer noch der Kutscher hielt. Sofort stand ich neben einer Randesche, hatte das Korn und Visier hastig trocken gewischt, da preschte auch schon der erste Überläufer auf fünfzig Gänge über den Weg. Ich schoß, als er fast an der Gegenseite war und kam auf den dritten dort genauso gut ab; drei weitere verschwanden unbeschossen hinter einem Wasservorhang. Kolbe kam erst heran, nachdem ich ihm zugewinkt hatte. Er lächelte gezwungen: „Na, was haben wir Ihnen gesagt? Gibt es hier nun Sauen oder nicht? Die beiden da sind wohl leider vorbei", er blickte die Querschneise hinunter, „und die erste anscheinend auch."

„Richtig! Die erste habe ich gefehlt, da ich Wasser im Visier und auf dem Korn hatte – die anderen beiden haben jedoch die Kugeln, obwohl der Kutscher dort unten reichlich unglücklich mitten vor der Schneise hält."

Ein Überläufer lag sechs, der andere knappe acht Schritte im Bestand – und Kolbe staunte. Dann ging er ab und bestellte durch den Kutscher zwei Arbeiter, die das Wild mit einer Trage aufs Trockne bringen sollten. Er kam zurück und sah zu, wie ich die zweite Sau aufbrach. Erst als meine Zigarette brannte und ich die Büchse von dem Ast abnahm, meinte er: „Donnerwetter! Kaum zehn Minuten im Wald, und schon lagen zwei Sauen. Das habe ich bestimmt nicht geglaubt."

In dem Schilfhaufen hatten die Schwarzen schön trocken und warm gesessen – sie wußten genau, wo und wie sie sich auch bei dem Wasser einschieben konnten. – Wir patschten weiter.

Aber nur knappe hundert Meter weit, denn dieses Mal explodierte ein anderer, ähnlicher Haufen rechts von uns, und ich beschoß in aller Ruhe den dritten der Überläufer, die vor uns auf dreißig Meter das Gestell flüchtig querten. Er rutschte mit einer Wasserfahne hinter sich bis an den anderen Wegrand und war verendet, als wir bei ihm waren.

Der Jagdherr übernahm meine Waffe, und ich versorgte das Keilerchen. Als ich mir die Hände trocknete, lachte er: „Jetzt bin ich nur noch darauf gespannt, was für ein Gesicht meine Frau machen und was sie sagen wird. Ich möchte nun aber doch vorschlagen, zuerst in die übernächste Abteilung zu gehen. Dort drinnen ist nämlich ein größerer Rohrplan, in dem immer Sauen stecken. Da könnten auch noch die von hier eingewechselt sein."

Wir wichen also auf der nächsten Schneise nach links ab und waren kaum in den besagten Eschen, da wurden aus einem Anflughorst heraus auch schon drei Sauen flüchtig und kamen mir breit – breit auf dreißig Meter, und in dem lichten Bestand fast völlig frei.

Das zweite Stück überschlug sich im Knall und rührte keine Borste mehr.

So!

Die Kammer war leer, und weitere Patronen hatte ich nicht mit. Als ich die Hülse herausrepetiert hatte, nahm mein Begleiter sie auf: „Die behalte ich als Andenken an den heutigen Tag. Hoffentlich kommen Sie recht bald und oft wieder, denn so was von Schießfertigkeit ist mir noch nicht vorgekommen."

Schießfertigkeit?

Wieviel tausendmal hatte ich dazu vorher allein wohl den Anschlag geübt?

Der Grenzgraben war zwar etwas geräumt, doch im weiteren Verlauf sehr verkrautet und stellenweise durch Reisig und Äste sogar noch verstopft. Als er später von den Nachbarn gereinigt worden war und einige Gräben im Wald aufgenommen wurden, verlief sich allmählich auch das überschüssige Wasser wieder.

Die beiden „Sauträger" waren nicht gerade hell begeistert, als sie von den beiden letzten Schwarzkitteln hörten, jedoch zufrieden, nachdem sie ihren Sonderlohn eingesteckt hatten.

Frau Kolbe erwartete uns vor dem Haus: „Nun Männe, hatte ich nicht sehr recht, daß Herr Hoffmann für uns der richtige Mann ist? Kaum eine viertel Stunde im Revier, und schon liegen zwei Sauen. Wann werden sie hier sein?"

Ihr Gatte blinzelte: „Zwei Sauen? Inzwischen sind es vier geworden."

Jetzt war das Hallo groß. Als später der ganze „Hofstaat" die Schwarzen raunend umstand und der Gutsherr den Hergang schilderte, merkte ich, daß ich mich da bereits in die Herzen einiger der Anwesenden „hineingeschossen" hatte.

Die nächsten Pirschgänge dort machte ich allein. Sie waren denkbar einfach und für mich immer reizvoll und spannend. Da die tiefausgetretenen Wechsel auch bei normaler Nässe noch unter Wasser standen, schob ich mich auf ihnen gegen den Wind langsam und ohne zu plätschern in die Bestände hinein. Mit dem Glas suchte ich die „Bienenkörbe", so hatte ich die Schilfhaufen benannt, ab. Dampfte einer, oder stand über ihm sogar eine lichte Dunstwolke, dann war er besetzt. Ich machte mich dann fertig, suchte mir günstiges Schußfeld aus und brach einen der herumliegenden, zahlreichen Trockenäste. Entweder hob oder schob sich aus der Burg bald ein Saukopf heraus, oder die Rotte spritzte sofort nach allen Richtungen auseinander. Die Schüsse waren nicht schwer, nur mußte ich aufpassen, daß ich nicht umgerannt wurde, besonders dann nicht, wenn ich in der Nähe eines Wechsels stand.

Ohne Sau bin ich nie von meinen Gängen zurückgekommen. Sehr oft sind es dagegen drei oder vier Stücke gewesen, die die beiden Arbeiter anschließend aufs Trockne brachten. Auch sie hatten es dabei bald zu einer gewissen Übung gebracht.

O ja, es ist schon ein schönes und wildreiches Vorpommern gewesen, und ich Tor hatte zuerst das Gegenteil angenommen.

Doch dann kam das bittere Ende.

Neues Beginnen

Als ich nach fünfjähriger Gefangenschaft nach Stralsund zurückkehrte, war mir ein Nichts geblieben. Meine Frau war gestorben, die Kinder in alle Winde zerstreut, die Wohnung in fremden Händen, meine Waffen und Trophäen waren weg. Zurückgeblieben waren nur einige Freunde.

Ich landete nach einigem Hin und Her bei meinem Bruder in Oberhausen.

Verbissen und mit einer unerschütterlichen Hoffnung im Innern nahm ich den Existenzkampf auf. Mein Bruder hohnlachte, daß wir uns deswegen fast zerstritten hätten: „Du glaubst doch nicht etwa im Ernst, daß gerade auf dich mit deinen 48 Jahren gewartet wird? Ausgerechnet auf dich, wo es Tausende von Forstleuten gibt, denen es genauso oder ähnlich geht, die aber weit länger hier sind, und die trotzdem noch auf dem Trocknen sitzen. Gib dich nur keinen trügerischen Hoffnungen hin. Wunder geschehen heute jedenfalls nicht mehr."

Trotz seiner Unkenrufe ließ ich nicht locker, und siehe da – es gab doch noch so etwas wie Wunder.

Anfang 1951 bewarb ich mich gleichzeitig um zwei Stellungen und bekam zwei Zusagen. Wieder war guter Rat teuer; oder sollte ich abermals das Los und somit das Glück entscheiden lassen? Schließlich blieb es bei der nüchternen Überlegung: fast zehn Jahre lang war ich täglich von Revier zu Revier gefahren. Sollte ich in den nächsten siebzehn Jahren ähnliches weitermachen? Oder sollte ich mich für ein kleines Revier entscheiden und dieses von Grund auf neu einrichten und aufbauen?

Ich entschied mich für die Stellung in Oberhausen und sollte es nicht bereuen.

Ja, und dann heiratete ich wieder, denn auch ein Waldschrat wie ich lebt nicht gern allein.

Neben den forstlichen Belangen der Stadt habe ich auch deren Eigenjagdbezirke und die Jagd auf allen Grünflächen zu verwalten. – Der Rehwildbestand war befriedigend, und Karnickel gab es damals massenhaft. Hasen waren nur ganz wenige da, während Fasanen fehlten. Also stellte ich mich um.

Die Böcke ließ ich von Freunden schießen, rückte dafür den wildernden Hunden und der Legion streunender Katzen mit Pulver und Blei zu Leibe, wobei mir meine beiden Drahthaarhündinnen in stiller Form halfen. Die grauen Flitzer mußte ich kräftig bejagen, da sich Anpflanzungen nun einmal nicht mit einem starken Kaninchenbesatz vertragen. Da mir hierbei auch einige Freunde halfen, kam ich in jeder Hinsicht zum Ziel: die Kulturen waren gerettet, das Raubzeug verschwand beinahe restlos, und als ich die Jahresstrecke über 80 Hasen und mehr als 100 Fasanenhähne verbuchen konnte, war ich nicht wenig stolz. Kenner der hiesigen jagdlichen Verhältnisse staunten nicht schlecht, und meine Hunde und Frettchen wurden sehr bald bekannt.

Trotz der vielen kleinen jagdlichen Freuden und der inneren Befriedigung über diese Entwicklung, sann ich in mancher Stunde darüber nach, ob wohl auch noch die Zeit kommen würde, da ich selbst wieder den Klang des eigenen Büchsenschusses hören würde. Die Erinnerung kann zwar sehr schön sein, doch erschien mir die Gegenwart noch besser.

Diana hat mich auch hier nicht vergessen: eines Tages rief Freund Bernd an und fragte, ob ich nicht mal mit in die Eifel wolle?

„In die Eifel? Gern, doch zu wem und wozu?"

Er überlegte nur kurz: „Das beste ist, wenn ich zu dir komme und dir alles erkläre."

Zehn Minuten später war er bei mir. Ich erfuhr, daß er von einem Geschäftsfreund eingeladen sei, der in der Eifel zwei Jagden besaß und der mich als „Sauspezialisten" gern kennenlernen wollte.

Nach weiteren fünf Minuten waren wir bei Albert, wo wir uns gegenseitig eingehend und längere Zeit „beschnupperten". Dann war alles klar, und ich bekam von Albert einen Erlaubnisschein, daß ich bei ihm die Jagd auf Sauen ausüben könne.

„Alles sehr schön und ebenso gut! Doch woher bekomme ich jetzt auch eine anständige Büchse?"

„Das ist gar kein Problem. Mein Jagdhüter in Dierscheid hat meine 7 × 64, die könnt ihr bei ihm abholen. Sie ist übrigens vor einigen Wochen neu eingeschossen worden und in Ordnung."

Ich bedankte mich bei ihm, holte mir Urlaub, und am nächsten Tag waren wir in Dierscheid. Wir trafen den Jagdhüter zu Hause nicht an, bekamen von dessen Frau jedoch die Waffe.

Wie oft hatte ich in den letzten Jahren wohl an meine verlorenen Gewehre und besonders an meine 7 × 64 gedacht? Oft glaubte ich dann, noch ihren dröhnenden Knall in den Ohren zu haben, und konnte mich geringster Kleinigkeiten erinnern.

Nun hatte ich also wieder eine ähnliche Büchse in den Händen! Auch sie war reichlich schwer – doch ob sie mir auch so gut lag? Ich ging in Anschlag. Sie lag mir zwar, doch im Zielfernrohr war es tiefdunkle Nacht. Nanu? Dann entdeckte ich den Lehmbatzen, der am hinteren Okular festgeklebt war. Hoffentlich hatte der Hüter des Wildes mit dem Glas nicht Fußball gespielt. Für einen Probeschuß war es noch hell genug, und der fiel eine halbe Stunde später in Dodenburg im Park. Bernd und Kollege Paul beleuchteten die Scheibe mit ihren Gläsern.

„Wenn die Kugel nicht im Schwarzen sitzt, würde ich sagen, daß du nicht mal die Scheibe getroffen hast", so Bernd. Paul murmelte Zustimmung.

Na, Mahlzeit!

Das Kugelloch saß jedoch im Schwarzen – sogar mitten drin.

Da es regnete, fuhr Bernd abends zu einem seiner Bekannten in der Nachbarschaft. Paul und ich tranken Trester, wobei auch ich feststellte, daß dieser erst nach dem fünften Glas einigermaßen zu genießen ist. Wir erzählten von früheren Sauen und Hirschen. Er vornehmlich von seinen Erlebnissen und Erfolgen bei den Jagdkommandos, wonach es in manchen Gegenden von Schwarzkitteln auch geradezu gewimmelt haben mußte.

Schließlich war es Zeit, ins Bett zu gehen, da wir beizeiten aufstehen wollten – doch da klopfte es ans Fenster. Paul ging und kam mit einem späten Gast zurück, der sympathischerweise unter jeden Arm eine Weinflasche geklemmt hatte. Es war der Pächter der Nachbarjagd. Und wieder wurden, dieses Mal die neuesten jagdlichen Begebenheiten durchgearbeitet. Der Ankömmling lehnte sich endlich zurück und nahm sein Glas: „Wissen Sie, was ich machen werde? Ich werde nachher in G. den ‚lahmen Paul‘ schießen. Seit zwei Wochen fährte ich täglich ab, und heute morgen ist er auf seinem Einwechsel in die Dickung am vorderen ‚Eifelturm‘ fällig. Da der Mond jetzt endlich auch durchgekommen ist, fahre ich am besten gleich ab." Er verabschiedete sich und verschwand.

Wir schauten ihm nach und blickten zum Mond empor, der strahlend hell am Nachthimmel stand und an dem nur ab und zu noch lichte Wolken vorbeizogen. Auf den Regenpfützen knisterte dünnes Eis. Paul gähnte: „Entweder schieben wir uns ein, oder aber wir marschieren auch los. Gespannt bin ich jetzt, ob er endlich den starken Keiler abfangen kann, der nach mir benannt ist,

da ich ihm vor zwei Jahren auf einer Jagd den Vorderlaufschuß beigebracht habe. Leider. Also, was ist – gehen wir zu Bett, oder pirschen wir los? Jetzt ist es fünf Uhr."
Da ich auch zu Hause genug schlafen konnte, entschied ich mich für die Pirsch und steckte den Kopf fünf Minuten lang in kaltes Wasser.

Eine halbe Stunde später verhielten wir lauschend an einer Wegegabelung – weit weg rief ein Kauz, und im Buchenlaub neben uns wisperten Mäuse. Nach einer ganzen Weile wollte ich mich an meinen Begleiter wenden, um zu erfahren, wohin es jetzt weitergehen sollte – da knackte halbrechts vor uns ein Ast.

Paul faßte meinen Arm, flüsterte: „Sauen!" Als es dort abermals brach, nahm ich die 7 × 64 von der Schulter: „Sie bleiben am besten zurück und beobachten den Weg hier vor uns; ich werde mich auf dem anderen näher heranpirschen."

Bereits nach neunzig Metern konnte ich in die Altbuchen hineinsehen, da dort das Unterholz den Rand nicht mehr abschirmte und sah mit bloßen Augen auch sofort die beiden schwarzen Klumpen. Ich nahm das Glas. Die beiden Sauen zogen unruhig brechend nebeneinander her, verschwanden zeitweilig hinter Stämmen, tauchten wieder auf. Am Zielstock angestrichen, beobachtete ich sie durch das Zielfernrohr. Mal stand das eine Stück spitz, dann wieder das andere. Da es so nichts werden konnte, konzentrierte ich mich nur auf die links stehende Sau, die soeben hinter einer Starkbuche zum Teil verschwand. Langsam brechend schob sie sich hinter der Buche hervor in den hellen Lichtfleck des Mondes – nur noch einen Schritt – jetzt!

Und wieder hallte der dröhnende Knall der 7 × 64 durch die Nachtstille, brach sich an fernen Hängen und wurde von dort mehrfach zurückgeworfen.

Die beiden Sauen prasselten in die Buchen tiefer hinein, fort – Stille –.

Dann, nach einer ganzen Zeit, dort drinnen noch ein scharfes Knacken. Paul kam langsam heran.

Ich markierte mit der Hülse meinen Stand und zeigte ihm die Buche neben dem Anschuß; leise pirschten wir zurück.

Zehn Minuten später saß ich am Rande einer breiten Schneise in der Nähe des „Ginschenbaches". Ein Fuchs schnürte heran und suchte vor mir im knisternden Laub nach Mäusen. Ich nahm die Büchse nicht hoch. Auch dann nicht, als mit Tagesgrauen acht Überläufer den Hang rauschend und brechend herabwurzelten und auf etwa 180 Gänge vor dem Gestell verhofften. Einmal war es mir zu weit, und dann war mein Schuß noch nicht geklärt. Sie flitzten über die Schneise, und noch lange hörte ich sie im Bestand hinter mir herumwirtschaften.

Als es hell war, kam Paul und holte mich ab. Er hatte in der Nähe einer Suhle angesessen und dort tappig eine stärkere Sau verpaßt. Ja, ja – der Trester!

Auf dem Anschuß fanden wir nichts. Auch nicht auf den Fluchtfährten im gefrorenen Laub. Doch dann verhielt Paul und nahm das Glas hoch: „Da, dort sitzt die Sau", er trat vorsichtig einige Schritte zur Seite, „Donnerwetter, das ist ja ein starker Keiler! Los, jetzt von der Seite aus ran. Ich gehe auf ihn zu."

Ich nahm das Fernrohr ab, schlug einen Bogen und hatte den Keiler frei vor mir. Wieder nahm ich das Glas. Er lag an einige Eichenaufschläge angelehnt und war längst verendet.

Mein Begleiter war zuerst bei ihm, beugte sich über ihn. Dann fuhr er herum: „Wissen Sie, wer das ist? Das ist der ‚lahme Paul'. Hier, sehen Sie."

Tatsächlich – es war der Keiler mit dem Vorderlaufschuß. Jetzt hatte ich ihn, und das noch als erste Sau in der Eifel, auf die Schwarte gelegt. Die Waffen des achtjährigen Bassen konnten sich sehen lassen. Das fand später Albert auch, der mit mir anscheinend ganz zufrieden war, während der ‚Nachbar mit den Weinflaschen' den Keiler nachdenklich betrachtete.

Die Keilerwaffen nahmen sich auch an der Wand recht gut aus, und da Albert mich bald wieder zu einer Fahrt in die Eifel einlud, stand es für mich fest – ich mußte selbst wieder eine ordentliche Waffe haben. Doppelflinten hatte ich genügend; also kaufte ich mir einen Drilling, der ein anständiges Loch in meinen Geldbeutel riß. Ich hatte mit dem Kugelkaliber 7×57, dem variablen Zielfernrohr und dem Einstecklauf die richtige Wahl getroffen, da die Sehschärfe meines rechten Auges doch stark nachgelassen hatte, so daß ich flüchtig nur noch mit der zweieinhalbfachen Vergrößerung schießen konnte. Man gewöhnt sich an alles, und da ich wieder fleißig den Anschlag übte, kam ich mit dem Zielgerät sehr gut zurecht. Jedenfalls besser als mit der Schießbrille und über Kimme und Korn. Außerdem sind die Schüsse aus dem Einstecklauf eine gute Übung für den Kugelschuß, und ich habe in der Folgezeit mit der kleinen Kugel Hunderte von Karnickeln und Tauben geschossen.

Dann kam die Brunft 1961!

Ich saß zusammengekauert auf dem Hochsitz und bibberte. Bibberte nicht etwa vor Kälte, sondern vor freudiger Erwartung. Vor zwei Stunden hatte ich meinen Stand erklettert – da schrien bereits zwei Hirsche. Jetzt, es war drei Uhr geworden, schrien sie überall. Die beiden Hirsche in der Staatsforst, ein dritter mit tiefer, rauher Stimme genau hinter mir bei uns oder gleich über der Grenze im Nachbarrevier. Ein vierter Hirsch meldete sich in Niederemmel, und zwei andere sekundierten ihm rechts und links des Weges, den ich vor zwei Stunden entlanggekommen war. Ich hatte also allen Grund zum Bibbern, denn so ein Konzert hört man selten.

In der Nacht zuvor hatte sich kein Hirsch gemeldet. Angeblich nicht gemeldet, denn sooft wir auch vor der Hüttentür lauschten, keiner von uns hatte auch nur einen Schrei vernommen. Da ich es aber ganz genau wissen wollte, war ich heute mitten in der Nacht abmarschiert, begleitet vom Hohngelächter meiner Jagdfreunde, die sich von ihrem Doppelkopf nicht trennen wollten und mir eine angenehme Nachtruhe gewünscht hatten.

Im hellen, gleißenden Mondschein konnte ich die „Lange Wiese" auch mit unbewehrten Augen überschauen und saß unbeweglich. Sämtliche Hirsche schrien, als ob sie sich zu einem Nachtkonzert verabredet hätten.

Ich fuhr zusammen, als vor mir ein Ast brach. Blätter rauschten, Geweihstangen strichen an und klapperten – der Hirsch trieb vor mir im Dichten. Ich hatte mein Glas ergriffen und wartete, wartete darauf, daß er mit dem Tier auf der Wiese erscheinen sollte. Wieder brachen Äste – dann war alles still. Nur die sechs Hirsche meldeten sich in kurzen Abständen.

Ich hatte mich wieder zurückgelehnt, als links – dort, wo die Wiese an einen kleinen Kahlschlag anstieß – erneut Äste brachen. Sofort hatte ich das Glas vor den Augen und vor mir einen Hirsch, der langsam am Rande des Schlages entlangzog. Er verschwand in den Krüppeleichen jenseits des Weges.

Was mochte das für ein Hirsch gewesen sein? Ich lauschte noch eine ganze Zeit hinter ihm her, ehe ich merkte, daß es auffallend still geworden war. Tatsächlich, alle Hirsche, die stundenlang geschrien hatten, schwiegen.

Es war 3.30. Ich wollte mir gerade eine Zigarette anbrennen, als vor mir, dort, wo bislang kein Hirsch geschrien hatte, ein Hirsch meldete. War das etwa der Hirsch, der vorhin vor mir trieb? Er hatte ein gute, tiefe Stimme, wenn auch nicht so rauh wie der Hirsch an der Wintricher Grenze.

Ich schloß die Augen und zerkrümelte die nicht angezündete Zigarette – wo konnte dieser Hirsch stehen? Doch nur höchstens fünf-, sechshundert Meter von mir entfernt! Vierhundert Meter von mir ab stand aber der neue Hochsitz am Rande der langen, schmalen Blöße in den Loheichen.

Auf diesen Hochstand mußte ich!

Dorthin mußte ich jetzt unbedingt, wenn auch der Weg noch so schlecht war und das Mondlicht kaum reichen würde, um den Abfuhrweg im hohen Heidekraut überall auszumachen. Ich baumte also ab und eilte den Weg entlang.

Vorsichtig schob ich mich genau 198 Schritte in dem ausgefahrenen Wagengleis vorwärts, dann bog ich rechts ab, um zur Blöße zu kommen. Der Mondschein genügte gerade, um die etwas dunklere Wagenspur im Heidekraut zu erkennen. Links von mir, und jetzt keine zweihundert Meter mehr entfernt, schrie pausenlos der Hirsch. Schweißgebadet kam ich schließlich am Hochsitz an – Wild war nicht abgesprungen.

Kaum war ich oben, als der Hirsch mit einem rauhen, fast stöhnenden Schrei schwieg. Wieder blickte ich zur Uhr – halb fünf. Das konnte doch nicht stimmen; und doch stimmte es. Ich schaute zum Mond und dann gen Osten – es wurde dort bereits hell.

Da, wo der Hirsch zuletzt schrie, erklang jetzt scharfes Knistern und dann ein Krach, als ob eine stärkere trockne Kiefer umstürze.

Zwei Rivalen waren zusammengeraten!

Klappernd schlugen die Geweihe, unterbrochen von Rauschen, Schürfen und Knistern. Drei-, viermal knallten die Stangen noch zusammen, dann preschte ein Hirsch aus den Eichenkusseln heraus und kam flüchtig, knappe vierzig Gänge von meinem Sitz entfernt, am Rande der Blöße entlang und verschwand in den verbissenen Kusseln rechts von mir.

Der hatte es nach der Abfuhr aber mächtig eilig! Auch ihn konnte ich nicht ansprechen. Die Sonne vergoldete bereits die Eichen auf den mir gegenüberliegenden Bergkuppen, als wieder der Schrei des Hirsches von dort her ertönte, wo er bisher auch geschrien hatte. Er war also Sieger geblieben, doch klang sein jetziges Schreien irgendwie immer noch zornig und aufgebracht.

Vor mir rauschten Blätter und Zweige, und dann stand, nach rückwärts sichernd, ein Zehnender am Rande der Stockausschläge. Ich traute meinen Augen nicht – der Hirsch war noch im Bast. Es war zweifellos ein Kolbenhirsch, denn mit dem Glas konnte ich die Basthaare gut erkennen. Beide Endsprossen waren glänzend und kuglig verdickt, fast haarfrei und rötlichgelb. Er würde sogar noch höher schieben.

Gab es denn so etwas überhaupt noch Ende September? Es gab es, denn vor mir stand sichernd das Wunderhirschlein: jung, hochläufig, gering bei Wildbret, dünner, langer Hals, schmales Haupt. Er hielt es mit dem merkwürdigen Kopfschmuck gesenkt und äugte starr in die Eichen hinein. Dann drehte er ab, schlich vorsichtig etwas weiter am Blößenrand entlang und stand sprungbereit.

Vor mir brach, kaum hörbar, ein Ast. Über einem Eichenbuschen schaukelte ein hohes, weitausgelegtes Geweih. Dunkle, fast schwarze dicke Stangen, blendend weiße, lange Enden, gute Krone von drei Enden – ein recht, recht guter Kronenzwölfer. Ich war aufgestanden und hatte das Geweih sofort im Zielfernrohr, sah aber vom Hirsch selbst nichts.

Wenn er dort auf der kleinen Schluppe auftaucht, schreie ich ihn an!

Das Geweih drehte sich, verschwand hinter Blättern und Ästen, und schon schob er sich auf die Lücke. Ich knörte kurz, der Hirsch verhoffte. Er war aber wieder durch Blattwerk stark verdeckt. So ein Pech!

Der Zehner, der mich eräugt hatte, fuhr rauschend in die Eichen, und der Platzhirsch bog nach links ab und war auch verschwunden. Er wollte jetzt wohl seinem neuen Ärgernis den Wechsel abschneiden und es dann so richtig auf den Schwung bringen. Ich harrte noch bis acht Uhr rauchend und lauschend auf meinem Sitz aus, dann gab ich es auf. Leise und vorsichtig schlich ich mich davon.

Am Nachmittag konnte ich den Stand leider nicht wieder beziehen, da sich der Wind gedreht hatte und genau auf den Einstand des Wildes zustand. Dafür saß ich aber einige Tage später morgens wieder auf dem Hochsitz. Im ungewissen Mondlicht hatte ich mich langsam und leise hingeschlichen und war dabei gehörig in Dampf geraten. Ich hatte abermals kein Wild vertreten oder vergrämt und saß daher behaglich rauchend auf dem gut verblendeten Stand. Der Wind war wieder gut, die Nacht ungewöhnlich lau, und es wunderte mich nicht, daß sich heute kein Hirsch vernehmen ließ. Nun, ich hatte Zeit und brachte eine Menge Geduld mit.

Kurz vor Büchsenlicht stieß ganz kurz ein Hirsch an – ich hatte richtig getippt –, der Zwölfender stand auf seinem alten Brunftplatz. Lange Zeit tat sich dann überhaupt nichts mehr. Es war so fast halb acht Uhr geworden, als halblinks von mir der Hirsch plötzlich wieder knörte – zwei-, dreimal, tief und mißgestimmt. Er stand jetzt etwa dort, wo er letztens mit seinem Nebenbuhler zusammengeraten war. Na, na, sollte es dort etwa wieder etwas geben?

Mit einem Blick hatte ich mich überzeugt, daß mein Drilling schußfertig stand.

Wieder knörte der Hirsch zweimal, dann brach vor mir in dem Fichtenstreifen hinter den Eichenkusseln hellknackend ein Dürrast, und nun schrie dort ein Hirsch. Tief, mäßig laut und mißtönend: Öenchch – enchch – nochmal und abermals. Es war kein voller, richtiger Schrei, sondern ein tiefes, heiseres Schnarchen.

Donnerwetter, der hatte sicherlich einen Forkelstich in die Drossel abbekommen. Das konnte sehr gut der Hirsch sein, den Freund Bernd bereits vor einigen Tagen hinter sich gehört hatte.

Reglos saß ich da und lauschte minutenlang – alles war wieder still. Ich hatte soeben den Stummel meiner vorletzten Zigarette getötet und auf die Uhr geschaut, es war 8 Uhr 12 geworden, da bemerkte ich den rotbraunen Flecken hinter den Eichenblättern links von mir am Rande der Blöße. Langsam zogen sie aus den Eichenbüschen heraus: Alttier, Kalb, Alttier, Kalb, Schmaltier.

Sie hielten den Wechsel zwischen der Blöße und den Stockausschlägen und waren völlig vertraut. Wenn jetzt der Zwölfer kommt . . .

Da war er! Über die Eichenbüsche hinweg schaukelte sein hohes, dunkles Geweih heran. Er hielt den Wechsel und war nur noch zehn Meter von der Blöße entfernt, verschwand hinter den letzten Kusseln.

Ich atmete aus und hatte den Finger am eingestochenen Abzug; der Hirsch kam nicht – er erschien immer noch nicht. Über das Fernrohr hinweg sah ich ihn undeutlich noch dort stehen, wo er verschwand. Durch das Fernrohr sah ich ihn etwas besser. Nanu, die langen weißen Sprossen zeigten ja nach dorthin, woher er kam. Zog er wieder zurück? Nein, er äugte nur rückwärts, schüttelte sein hohes Geweih und drehte sich dann um. Ich hatte wieder abgesetzt und blickte in die Büsche hinein.

Zwanzig Meter weiter stand, von Eichenzweigen eingerahmt, ein anderes Geweih: beiderseits eine lange, dreiendige Krone, dicke braune Stangen, keine Eissprossen – ein guter Kronenzehnender. Nur einen Augenblick verhielt so der Hirsch, dann tauchte das Geweih im Blattgewirr unter. Bevor ich meine Waffe weggestellt und mein Glas ergriffen hatte, prallten die Hirsche zusammen. Es krachte genauso wie vor einigen Tagen, nur noch lauter. Obwohl Blätter und Äste einen freien Durchblick nicht zuließen, konnte ich die Kämpfer ab und zu sehen.

Beide hatten die Aeser fast auf dem Boden zwischen den Vorderläufen und schoben sich so langsam hin und her. „Mein" Zwölfer war dunkelbraun und hatte einen mächtigen, dunklen Kragen; der Kronenzehner war eselgrau und hatte fast keine Brunftmähne. Beide waren gleich stark im Gebäude, doch wirkte der Graue gedrungener.

Als sie hinter Stockausschlägen verschwanden, begann mein Nacken vor Ungeduld und Aufregung zu kribbeln. Zapplig und unschlüssig rutschte ich auf der Sitzbank herum – ich ahnte bereits, was jetzt kommen würde. Dann tauchten sie wieder auf, zuerst strauchelnd der Platzhirsch und dann der graue Fremdling. Es war kein Zweifel, der Zwölfer befand sich tatsächlich auf dem Rückzug, wurde von dem Grauen, der nicht mal richtig schreien konnte, zum Rückmarsch gezwungen. Wieder waren sie außer Sicht, und wieder schlugen die Stangen zusammen. Dann erklang von dort ein Laut, als ob man auf einen prallen, nassen Sack schlägt, ein heiseres, röchelndes Schnarchen ertönte, und mit einer riesigen Flucht überfiel der Zwölfer einen Eichenbusch und durchbrach stangenschlagend die Loheichen.

In diesem Augenblick schien es mir, als wenn es auch bei den Hirschen keine Gerechtigkeit mehr gäbe. „Mein" Hirsch war abgeschlagen worden – allerdings hatte der Stärkere gesiegt.

Wenn jetzt aber der graue Sieger den Wechsel des Mutterwildes halten würde, nutzte ihm sein Sieg auch nicht viel. Ich saß noch eine Weile wartend und horchend – kein Hirsch kam.

Der Zwölfer war weg, das Kahlwild fort und der Graue ebenfalls. Nur ich saß hier wie Pik-Sieben und war der Geleimte. Ich hatte noch eine Zigarette, mein Magen hing auf „halb sechs", es war kurz vor neun Uhr, und außerdem würde es bald regnen. Ich packte daher mein Zauberzeug zusammen, sagte dem Hochsitz „auf Wiedersehen um 2 Uhr" und baumte ab.

Langsam pirschte ich den gewundenen Abfuhrweg entlang und verhielt mehrmals lauschend – kein Laut war zu hören. Es war einfach zum Piepen: zwei gute, jagdbare Hirsche auf beste Schußentfernung vor sich zu haben, der eine jagt den andern weg und ist selbst irgendwohin entschwunden. Ich war nur noch zehn Schritte von dem besseren Weg entfernt, da erklang rechts vor mir und unheimlich nahe und laut das heisere, tiefe Schnarchen: oönchch.

Sekundenlang stand ich verdattert, doch dann wurde ich sehr munter. Der Rucksack glitt von der linken Schulter, der Drilling war fertig, das Fernrohr auf zweieinhalbfache Vergrößerung eingestellt; den Zielstock hatte ich bereit. Erst dann schob ich mich langsam vorwärts. Vorsichtig schaute ich um die Eckbüsche des Weges.

Auf siebzig Meter standen zwei Alttiere auf einem schlechtgeräumten Brennholzkahlschlag und ästen nebeneinander. Doch wo waren die Kälber und das Schmaltier? Und wo war der Hirsch? Ich durfte nicht einen Schritt weiter in den Weg hinein, denn zum Wilde zu hatte ich keine Deckung.

Wo war, bei allen guten Geistern, der Hirsch?

Zwischen den Tieren sah ich eine kleine Bewegung – der Hirsch hatte sich niedergetan, und da drehte er zwischen den krummen, dünnen Eichenstangen sein dickstangiges Geweih.

Mir wurde erheblich warm. Sollte ich warten, bis er aufstand? Wenn eine Störung, ja, wenn auch nur ein Wagen den öffentlichen Weg jenseits des Schlages entlangkam, waren das Wild und der Hirsch dahin, denn durch die krummen Eichen konnte ich nicht schießen.

Ihn anschreien? Ja, ich mußte ihn anschreien, ganz leise nur anschreien. Dann würde er hoch werden, und ich konnte eine sichere Kugel anbringen. Erst mußte ich aber eine Lücke dazu finden, denn von hier aus war durch den Wirrwarr der Stockausschläge ein Schuß nahezu unmöglich. Langsam schob ich mich etwas nach rechts, noch etwas und noch ein wenig. Nun hatte ich freieres Schußfeld – die Tiere ästen vertraut weiter.

Jetzt galt es!

Ich knörte ihn leise an. Der Hirsch war mit einem Ruck auf den Läufen und kam stichgerade auf mich zu. Noch fünfzig Meter! Stangengerade, wie an der Schnur gezogen, kam er näher. Haupt, Hals und Rücken waren eine Linie. Wie ein riesengraues Gespenst kam er lautlos heran. Der Schuß auf den Stich war unmöglich, da er das Haupt zu tief gesenkt trug und da die Muffel den Stich deckte.

Noch dreißig Schritte! Sollte ich ihn anschreien, damit er das Haupt hob und ich den Stich frei hatte? Was war, wenn er mich eräugte. Er mußte mich hier ohne Deckung wahrnehmen und war dann mit einer Flucht in den erbärmlich krummen Eichenstangen. Noch zwanzig Gänge! Er bog jetzt etwas nach rechts ab und von der schmalen Schluppe herunter; schon verdeckten ihn Blätter und Stockausschläge.

Da, die handtellergroße Lücke, wenn er die passiert! Da war das graue Haupt, der bullige Hals, jetzt das Blatt – Schuß!

Der Hirsch lag im Feuer.

Ich hatte sofort nachgeladen, war niedergekniet und hatte ihn wieder riesengroß im Fernrohr. Wenn er auch nur einen Lauf rührt, schieße ich!

Der Hirsch rührte keinen Lauf mehr. Er war, die Läufe unter sich, verendet. Das stolze Haupt lehnte an einer Knüppeleiche.

Der Graue war mein.

Vorsichtig kroch ich unter den gebogenen Eichenstangen durch und trat von hinten an den Gestreckten heran. Ich sah sofort die tiefen, teils verschorften, teils frischen Forkelschrammen auf dem Hals und auf dem Blatt. Die Stangen waren völlig mit Erde und Lehm beschmiert, die linke Augsprosse abgekämpft, die Mittelsprosse und ein Kronenende auf der Innenseite abgesplittert. Der Graue war nicht nur ein Schnarcher, sondern auch ein Raufbold gewesen.

Auf zehn Schritte hatte die 7 × 57 hochblatt gefaßt.

Meine letzte Zigarette hat mir besonders gut geschmeckt.

Der Graue war stark abgebrunftet und wog mit Haupt 158 kg, das knuffige Geweih nach zehn Tagen und mit kleinem Schädel 5,2 kg. Seine Grandeln waren abgeschliffen und tiefbraun. Sie wurden von meinem Eheweib sofort mit Beschlag belegt.

Albert lud mich Anfang Januar wieder zu sich nach W.-hausen auf Sauen ein. Dieses Mal war das Wetter scheußlich; dauerndes Schneetreiben wechselte mit Regengüssen ab. Es kam, wie es kommen mußte: keiner von uns sah auch nur eine Borste, obwohl wir Sauen in den Dickungen überall und oft genug hörten. Am letzten Tag lag zwar eine geschlossene, wässrige Schneedecke, doch hatten wir für den Abend keine großen Hoffnungen mehr.

Mein Freund, der stets den Sauen auch noch mit einer gewissen Strategie an die Schwarte zu rücken pflegt, entwickelte seinen Plan: „Wir setzen uns heute alle auf Schneisen in den Dickungen des ‚Eiskellers' und in denen hinter dem ‚Heidweiler Weg' an. Es wäre ja gelacht, wenn wir dann in dem Dickungskomplex keine Sauen ausmachen. Schwierig ist es da nur insofern, weil dort auch die beiden Bachen zu stecken pflegen, die bereits gefrischt haben. Ihr müßt euch also entsprechend vorsehen. Nur du," jetzt meinte er mich, „sollst in dem Stangenholz rechts vom Heidweiler Weg sitzen, da die Sauen aus der dortigen großen Schonung gern zum ‚Eiskeller' überwechseln."

Nachmittags wurde ich von Albert abgesetzt, und langsam schnürte ich in dem Schneematsch auf meinen Stand zu, der in der Nähe einer Suhle liegen sollte. Ich fand diese auch, doch war dort nichts zu machen. Der Wind stand in die vorspringende Ecke der Dickung hinein und strich dann weiter an ihr entlang. Also pilgerte auch ich im Stangenholz so lange an den Fichten entlang, bis der Wind gut war. Jetzt stand ich zwar vor der anderen Ecke der Dickung, doch war es anders nicht möglich.

Vorsichtig räumte ich alle Äste und Reiser um mich herum weg, rammte meinen Sitzstock ein und saß nun hinter einer wadendicken Kiefer – es war eine mehr als dürftige Deckung.

Außer einem Specht, der irgendwo rechts von mir eine Zeitlang hämmerte, vernahm ich nichts. Sogar die Düsenjäger hatten Sonntagsruhe.

Es dämmerte schon stark, und ich dachte bereits ans Abwandern, da knackte es links hinter mir. Langsam drehte ich mich um und sah gleich die stärkere Sau, die, wer weiß wo, hergekommen war und jetzt schräg und sechzig Meter ab, in Richtung „Eiskeller" trollte.

Mein erster Blick durchs Glas galt der Schneefläche hinter ihr – keine Frischlinge! Der zweite galt ihrem Kopf – ganz kurzer, dicker Wurf – ein Keiler.

Nun hatte ich es aber eilig, denn nur wenige Meter weiter mußte er in meinen Wind kommen. Im Hochfahren hatte ich entsichert und gestochen, hatte ihn gleich im Fernrohr und mein Schuß fiel, als er nach kurzem Stutzen zur Flucht ansetzte – Kugelschlag – trotz der geringen Entfernung heller Kugelschlag. Durch das Zielfernrohr beobachtete ich die Stelle, wo ich ihn zuletzt gesehen hatte: ich sah gar nichts. Schon wollte ich absetzen, da sah ich dort eine ungewisse Bewegung.

Nanu?

Ich nahm das Glas und wieder wurde ich sehr rege.

Mit einer Drehung hatte ich das Fernrohr auf kleinste Vergrößerung eingestellt, bekam auch mit einem Griff die Hülse aus dem Lauf heraus und eine neue Patrone in ihn hinein, dann sah ich mich noch schnell um, ob mir etwa Äste im Wege lagen – der Keiler schnellte sich mit den Hinterläufen ab und schoß so jedes Mal mehrere Meter weit auf mich zu. Noch war er wohl zwanzig Meter von mir ab und erst, als er mit wetzendem Gewaff keine vier Meter vor mir niederkrachte, da sprang ich einige Schritte nach rechts und sofort wieder auf meinen alten Stand zurück.

Auch der Keiler hatte sich nach rechts herumgeworfen – doch jetzt hatte ich ihn breit. Mein Schuß bannte ihn an den Fleck. Da er sich immer noch herumwarf, knirschend wetzte und mit den Läufen schlug, schoß ich nochmals.

Eine Zigarette rauchte ich noch, dann beleuchtete ich mit meinem Feuerzeug das Gewaff und tastete es ab.

Albert, du wirst Augen machen!

Das war nämlich nicht nur der älteste Keiler, der bei ihm geschossen wurde, sondern es war auch einer meiner besten überhaupt.

Er war aber nicht der einzige, der Augen gemacht hat, denn die Waffen eines neunjährigen Keilers sieht man nicht gerade alle Tage. Alle Kugeln saßen auf dem Blatt. Eine, vermutlich die erste, reichlich tief, da sie auch beide Vorderläufe hoch gefaßt hatte.

Nach dem Abendessen weihten wir dem Bassen einen guten Tropfen.

Ein Jagdgast, mit dem ich erstmalig bei Albert zusammengetroffen war, schaute lange sinnend auf den präparierten Kopf eines starken Keilers an der Wand der Gästestube, dann räusperte er sich: „Sagen Sie, wie viele gute Keiler haben Sie eigentlich geschossen?" „Wie viele Keiler? Das kann ich gar nicht mal sagen – vielleicht achtzig oder auch neunzig. Daß der von heute Abend aber meine 587. Sau gewesen ist, das weiß ich dagegen genau."

Albert nahm sein Glas: „Tscha, so ist das nun. Ich werde jedenfalls dafür sorgen, daß es nicht deine letzte Sau und auch nicht dein letzter Keiler gewesen ist."

Wir fuhren spät heim. Albert war müde, und ich mußte ihn durch Erzählen munter halten. Außerdem hielt er es zur Verstärkung im Wagen kalt, und ab und zu machte er auch noch Durchzug.

Was bekam ich davon am übernächsten Tag? Natürlich wieder einen Hexenschuß, der sich dieses Mal jedoch vorher angemeldet hatte und langsam aber sicher vom Nacken bis zu den Rippen herabwanderte, wo er schließlich festsaß.

Was bedeutet aber schon groß ein solcher Schuß, wenn man ihn im Gefolge eines starken Keilers erwischt? Mir gar nichts, zumal ich durch jeden immer wieder an meinen Beruf erinnert werde.

Wenn nun aber irgend jemand behaupten sollte, daß es durch die Schießwut der Hexe gar kein schöner Beruf sein könne – dann würde ich nur mitleidig lächeln.

Ich weiß es nämlich besser.

NEUMANN - NEUDAMM
Verlag für Jagd und Natur

Heinz Meynhardt

Schwarzwild-Bibliothek

Format 14,8 x 21 cm, Kst., DM 24,–*

Diese Reihe vermittelt die neuesten wissenschaftlichen Erkenntnisse und jagdpraktischen Erfahrungen über die Schwarzkittel. Dadurch ist eine erfolgreiche Bewirtschaftung von Schwarzwildrevieren möglich. Im ersten Band wird die Biologie und das Verhalten der Sauen in freier Wildbahn dargestellt. Der zweite Band enthält alles, was man über den Lebensraum des Schwarzwildes wissen muß. Im dritten Band unterbreitet Meynhardt gezielte Vorschläge für die Hege der Wildschweine und deren optimale Bejagung. Schließlich (vierter Band) werden die Versorgung von Wildbret und Trophäen sowie in der Praxis erprobte Wildschadenverhütungsmethoden dargestellt.

Bestell-Nr. 0556-0
Band 1: Biologie und Verhalten
82 Seiten, 25 Farb- und 43 SW-Fotos

Bestell-Nr. 0557-9
Band 2: Das Revier
90 Seiten, 66 Farb- und 9 SW-Fotos

Bestell-Nr. 0589-7
Band 3: Hege und Bejagung
108 Seiten, 91 Farb- und 15 SW-Fotos, 2 Zeichnungen

Bestell-Nr. 0630-3
Band 4: Wildversorgung, Trophäen, Schadensverhütung
78 Seiten, 34 Farb- und 2 SW-Fotos, 2 Zeichnungen

* Preise: Stand Sommer 1992

Postfach 25
3509 Morschen/Heina
Telefon (05664) 6012/13
Telefax (05664) 8056

NEUMANN - NEUDAMM
Verlag für Jagd und Natur

Bestell-Nr. 0593-5

Hubert Suter

Hinaus zur Jagd

Format 13,5 x 21 cm
243 Seiten, 25 Farbfotos, Kst., DM 44,–*

Hirschbrunft im sonnigen Spanien – Treib-jagden auf Fasanen inmitten der Industrie-zone einer deutschen Großstadt – Pirschen in den urigen Donau-Auen – Jagdstrapazen im Hochgebirge – Drückjagden auf Sauen in Tunesien…

Von keineswegs alltäglichen Jagdaben-teuern in der Heimat und im Ausland er-zählt der Autor, er berichtet über seine Begegnungen mit Land und Leuten, von deren Jagdgesetzen und Jagdgebräuchen. All dies ist spannend geschrieben!

* Preis: Stand Sommer 1992

NJN

Postfach 25
3509 Morschen/Heina
Telefon (0 56 64) 60 12/13
Telefax (0 56 64) 80 56